AMADORA

Ouvrages de Dominique Simonnot

Plus noir dans la nuit
La grande grève des mineurs de 1948
Calmann-Lévy, 2014

Justice en France
Une loterie nationale
Éditions de La Martinière, 2003

DOMINIQUE SIMONNOT

AMADORA

Une enfance tzigane

ÉDITIONS DU SEUIL
*25, bd Romain-Rolland, Paris XIVe*

ISBN 978-2-02-137705-7

www.seuil.com

CHAPITRE I

Je m'appelle Amadora

Depuis presque trois ans, j'écris un livre avec Dominique, une journaliste, que personne ne reconnaît dans la rue, ce qui est vraiment bizarre. Normalement, les journalistes sont célèbres, on les voit à la télé et tout le monde les salue. Dominique m'a expliqué qu'elle écrit dans un journal et qu'elle ne va jamais à la télé. Je la crois, mais je suis déçue, je préférerais que les gens nous disent bonjour quand on se promène ensemble. Personne ne m'avait jamais proposé d'écrire un livre avant et c'est très dur, il faut beaucoup de concentration et faire très attention, sinon, il peut arriver que je dise une chose et que Dominique comprenne l'inverse.

Je m'appelle Amadora, j'aurai 12 ans le 3 avril 2018, je suis une Tzigane, née en Roumanie, et je suis arrivée en France en 2010 avec mes parents, Craï et Romina, et mon petit frère Craï-Abel, qui a 9 ans maintenant. Depuis qu'on est ici, j'ai eu un frère et une sœur. Mon vrai prénom est Anamaria, Amadora, c'est mon surnom, mes parents l'ont trouvé dès que je suis née, à cause d'un feuilleton à la télé où un héros était Amador, qui est aussi le surnom de mon cousin, en Roumanie. J'aime beaucoup ce nom Amadora, je le trouve très joli.

Nous sommes venus de Roumanie, parce que, là-bas, il n'y a pas de travail, ni rien pour vivre. C'est mon papa qui m'a appris ça et me l'a fait répéter, pour que je sache bien quoi répondre quand on me demande.

Je parle très bien français et mes parents sont fiers de moi pour ça. Sur le campement où nous vivions avant, à Saint-Denis, c'est moi qui traduisais pour tout le monde ! Chaque fois qu'il y avait un problème, ils appelaient : « Amadora, Amadora, viens vite ! Qu'est-ce qu'il dit ? » Par exemple : « Ça veut dire quoi copain, copine ? » ou d'autres mots, et aussi quand ils parlaient au téléphone à des gens et qu'ils ne comprenaient rien. Les Roms, je crois, ne sont pas très forts pour apprendre le français, mais moi si !

J'ai traduit pour Patrick, « le Patron », celui qui nous laissait habiter sur son terrain de Saint-Denis, j'ai traduit pour les policiers quand ils venaient, pour le monsieur qui ramassait les poubelles, mais il ne venait pas souvent, on ne l'a vu que quelques fois. Et aussi à l'hôpital pour la « Dame vieille », notre grand-mère à nous tous, les enfants du campement. Son mari était très très malade, quelque chose au cerveau ou au cœur, je ne sais plus, en tout cas il est mort maintenant, et c'est moi qui emmenais la grand-mère le voir, moi qui parlais aux docteurs et aux infirmières. J'ai traduit à l'école, bien sûr, pour mes parents et les maîtresses ou le directeur et aussi pour les assistantes sociales qu'on va voir avec ma mère. Oh là là, je n'arrive même plus à me souvenir pour qui j'ai traduit. Un jour où il y avait de la fumée, au fond du campement, j'ai appelé les pompiers, au numéro 18, mais je n'ai pu parler à personne, les pompiers n'ont pas répondu, sûrement leur téléphone était dérangé ou fermé. Heureusement, des Français qui vivaient dans les immeubles à côté les ont appelés et ils sont venus tout éteindre. Et je traduisais aussi pour tous les gérants de tous les hôtels où on a habité.

Maman parle mieux français, mais ça ne fait pas si longtemps, c'est depuis qu'elle travaille et aussi parce qu'elle va au cours, le soir.

Avant, avec mon père, elle cherchait des choses dans les poubelles et on s'habillait avec, ou on les revendait dans les brocantes, mais c'est fini, je suis trop contente. Les poubelles, ça fait un peu honte, et je disais toujours à mes copines en classe et à ma maîtresse : « Ma mère, elle est femme de ménage ! » Et là, maintenant, c'est vraiment vrai.

Quand j'étais bébé, nous étions en Italie, à Naples, je ne m'en souviens pas. Mais mes parents m'ont raconté que nous avions dû partir tellement ils avaient peur qu'on me vole, parce qu'en Italie beaucoup de gens s'approchaient de moi et regardaient ma mère me donner le sein, en disant que j'étais très jolie. Il y avait deux femmes italiennes qui aimaient bien me toucher, elles étaient très gentilles, mais elles ont cru que je n'étais pas la fille de ma mère. Pourquoi ? Ça se voit non ? C'est parce que je suis marron, comme mon père, et que ma mère est pâle ! Mes parents ont pensé qu'elles allaient me prendre, et comme ils ne parlaient pas l'italien et ne connaissaient personne, sauf des Tziganes, là-bas ils n'auraient rien pu faire pour les empêcher de me kidnapper. Je crois que ça arrive souvent avec les enfants roms, en tout cas c'est ce qu'on raconte toujours chez nous.

Depuis au moins mes 7 ans, je sais tout faire à la maison. Je balaye par terre, je nettoie, je passe la serpillière, je range, je fais la vaisselle, et le café quand des gens viennent, je fais à déjeuner ou à dîner pour mes frères et ma petite sœur, je m'occupe d'eux quand mes parents ne sont pas là. Je suis un peu leur deuxième maman. On se dispute, mais pas beaucoup. Parfois je crie contre mes frères : « Va au coin ! » Coco, ma petite sœur, quand elle exagère, je hurle : « Coco, arrête de pleurer ! Ça suffit maintenant ! » Mais, tout de suite après, je l'installe sur mes genoux, ou sur mes hanches, comme Maman, je l'embrasse, je la console, je n'aime pas qu'elle pleure, ça fait de la peine. Quand Coco avait des couches, je la changeais, mais, à son anniversaire de 2 ans, Maman lui a montré les couches, elle les a jetées dans la poubelle en disant : « Fini, Coco ! » Et vous savez quoi ? Coco est allée sur le pot direct et elle n'a plus jamais mis de couches. Pour le biberon, ma mère a mis un peu de piment sur la tétine, Coco a hurlé en le prenant, parce que ça piquait fort, elle n'était pas contente, mais elle est allée toute seule jeter son biberon à la poubelle.

Avant, quand on était sur le campement à Saint-Denis, avec mes frères, Craï-Abel et Samuel, nous allions dans une école à Stains. J'adorais mes maîtresses, Vanessa, Jessica, Martine et le directeur. Vanessa est si belle, elle a le ventre bien plat comme ma maman. Et comme sa mère à elle, qui est vieille mais a l'air très jeune et s'habille comme sa fille. Pas comme moi, qui suis trop grosse. Je sais que je dois manger moins de bonbons, de chips et moins de pain. Les chips d'accord, je n'en mange plus, les bonbons, je sais que c'est mauvais, on peut tomber dans le diabète avec, ce qui est très grave, mais le pain, ça, jamais de la vie, je ne peux pas m'en passer ! Et sans les chips, j'ai déjà maigri. Le plus drôle, c'est que je peux maintenant mettre les affaires de ma mère.

Dominique me donne plein d'exercices et des livres à lire ou des poésies à apprendre par cœur, pour que je sois bonne à l'école. Parfois, elle et moi, on descend travailler au café en bas, parce que dans notre chambre d'hôtel, on est six, il y a trop de bruit, je n'arrivais pas à réfléchir. L'autre jour, Craï-Abel a pleuré, il disait : « C'est pas juste, Amadora, elle va au café et elle a un chocolat chaud. » C'est pas grave, elle lui donne aussi des livres à lire et des choses à réciter.

Bon, voilà notre histoire…

CHAPITRE II

« Un Noël extraordinaire ! »

« Cette nuit, tout a brûlé ! » Au téléphone, la voix d'Amadora oscillait entre l'effroi et l'excitation d'annoncer cet incroyable événement. « Comment ça, tout a brûlé ? » Je criais, sans m'en rendre compte et sans y croire.

« Oui, me criait aussi Amadora, chez nous, il y a eu un incendie, cette nuit ! Viens, Dominique, Maman te fait dire qu'elle n'a pas de mots pour te demander de venir nous voir ! »

J'ai foncé au campement. Tout le monde – la famille et les voisins – parlait en même temps, Amadora traduisait.

À 2 heures du matin, le 16 décembre 2015, Craï, Romina et leurs enfants dormaient, « d'un sommeil de la mort », diront-ils, plus tard. Les hurlements de Chetza, la voisine – dite la « Dame grosse » – les ont réveillés : « Craï, Craï, vite ! Vite ! » La baraque d'à côté flambait et la leur aussi. Romina a juste eu le temps d'attraper Amadora par les cheveux, Coco par la culotte et de s'égosiller : « Les enfants, les enfants ! » Ils ont réussi à sortir. À jeter une couverture sur les petits pour les protéger. Et, hébétés, ils ont regardé leur monde disparaître. Romina a arraché son sac qui gisait sous le siège passager de la camionnette, juste avant qu'une vitre explose. Elle criait, elle pleurait, elle s'agitait. Craï tournait en rond, pris d'une danse folle avant de s'arrêter, soudain inerte, debout, à contempler le désastre, sans faire un geste. Il n'y avait que le petit Samuel, qui se tordait de rire en piaillant : « Le feu, le feu ! » Quand les pompiers sont arrivés, c'était trop tard. « Ils ont mis très longtemps à venir, sinon peut-être qu'ils auraient pu sauver notre baraque... », répétait Amadora d'un ton sévère, en faisant le tour des vestiges.

Il ne restait rien ou presque de la minuscule caravane, où la famille passait ses après-midi et ses week-ends. Rien des vêtements, des jouets, des tentures, de la petite véranda que Craï, le père, avait construite sur le côté de la roulotte, et qui était ornée de glycines et de coquelicots en plastique, d'un hibou en faux bois, d'un miroir bordé de laiton et d'un chromo champêtre. Plus rien du joli canapé en bois et velours gris, présent d'une amie, ni de la table branlante, ni de la télé naine aux images pixellisées qui diffusait en permanence, en noir et blanc, des histoires de poney et de princesse.

Rien que deux emplacements couverts de cendres, d'où émergeaient une moitié de caravane et le camion cramés, un fouillis de sacs à carreaux bleus, rouges et blancs, fondus, béants, noircis, un enchevêtrement de fils et barres de fer. Ici, un vase doré, là des chaussures et un costume chic, miraculé, encore accroché dans sa housse à une plaque de bois.

Romina, le teint gris, vêtue n'importe comment, errait au milieu de ce bazar, évaluant l'étendue des ravages. Après les pompiers, ce furent les policiers qui, assurait Amadora, ont posé « plein de questions très bêtes ! ». « À qui est le camion ? Et la caravane ? » Ils répétaient vingt fois les mêmes choses, comme si on ne comprenait rien ! Mais moi je répondais, la caravane c'est à moi, le petit camion il est à moi aussi ! Ils ont aussi demandé si on savait qui avait mis le feu, Papa leur a dit qu'il savait que c'était « le "Gros", un voisin », qui a fait ça par vengeance. Je leur ai traduit. Ils ont dit : « D'accord. »

La famille avait trouvé refuge dans une des bicoques, tout près de la barrière du camp. « C'est la baraque du fils du Gros, celui qui a mis le feu, soufflait Amadora, on ne les a pas revus, ils se sont enfuis. » Blottie dans les couvertures du « fils de l'assassin » – le Gros ayant gagné ce surnom : « l'assassin » –, elle racontait : « Il y a deux semaines, je crois, mon père n'avait pas laissé le Gros voler du gasoil au Patron… » Le Patron, c'est le propriétaire du terrain qui laisse, depuis trois ans, une quinzaine de caravanes y stationner. Travaillant dans le bâtiment, il va et vient avec ses engins de chantier sur ce morceau de Saint-Denis, moitié herbu, moitié caillasseux. Tout au fond, le Patron cultive des salades et des choux, entasse des gravats. Et il préférait, de loin, voir sa propriété gardée par des familles roms, qu'envahie, la nuit, d'étudiants fêtards ou de dealers brutaux. Il y gare ses machines et donc le Gros avait entrepris d'en siphonner les réservoirs, quand Craï est intervenu. « Ils se sont un peu battus et le Gros est parti. Mais, on en est sûrs, il est revenu se venger et allumer le feu. »

Romina, pendant ce temps, reprenait ses comptes d'une voix atone et Amadora traduisait : « Même un peigne, nous n'en avons plus. Ce matin, au marché, j'ai dû tout racheter, les culottes, les habits pour les enfants, le biberon de Coco, qui pleurait "mon didi, mon didi". Je suis allée au travail avec un pantalon du frère de mon mari. On recommence à zéro, sans même des assiettes pour manger dedans ! Mais enfin, on a failli tous mourir, Dieu soit loué… »

Tandis que Romina faisait de grands gestes désordonnés qui ne lui ressemblaient pas, Baba – dite la « Dame vieille » – pleurait à gros bouillons, elle aussi avait échappé de peu à la mort. Tout ça à cause du Gros, que Craï et Romina avaient connu, ici, en France, avec son fils qui faisait les poubelles : « Ils n'avaient nulle part où vivre et on leur avait dit : "Venez habiter avec nous !” » Ils les avaient aidés pour manger et pour beaucoup de choses. Alors, vraiment, était-ce là leur récompense ? « Je n’arrive pas à le croire, psalmodiait Romina, je regarde, une fois, dix fois, cent fois, mais je ne le crois pas. » En même temps, elle devait absolument « remercier Dieu » ! « Merci à Lui, que ma famille soit encore là et mes enfants sauvés ! »

Amadora avait le regard altier : « Moi, je n’ai presque pas pleuré ! Maman, oui, mais maintenant, il paraît qu’elle n’a plus de larmes, et c’est pour ça qu’elle ne pleure plus ! » Coco, la dernière-née, dormait, les discours se faisaient, maintenant, à voix basse, Romina continuait de marmonner, enchaînant les propos décousus. « C’est pas possible de rester ici, chez le fils du Gros ! On va partir ! Et le camion, j’ai beaucoup de peine pour le camion, mon mari travaillait avec, il l’avait payé 2 200 euros. » Amadora prenait le relais, mélangeant tout. « Maman dit que c’est comme ça la vie, une fois bien, une fois mal, les gens passent tous par là ! Tu sais, elle croit que le père et le fils se sont mis d’accord pour faire ça ! Ils sont tellement bêtes qu’ils ont fait brûler, en même temps que notre baraque, celle de l’autre fils du Gros, qui est en Roumanie. Quand il va revenir… mais non, il ne reviendra pas ! On avait plein d’habits, on n’a plus rien, mon passe Navigo est resté dedans, et Maman venait de le charger… Et la poupée de Coco, un petit bébé qui savait pleurer, on lui donnait le biberon, tout brûlé aussi ! Et mes stylos, ma règle, ils ont fondu dans le camion avec mon beau sac Violetta et tous mes cahiers ! Et… oh, la belle jupe blanche de Maman et mon costume traditionnel ! Ah ça, ils nous ont fait un Noël extraordinaire ! »

Romina marchait de long en large dans la bicoque sombre, répétant : « Mon mari est perdu, complètement perdu », et Amadora chuchotait : « En fait, Maman était plus courageuse que lui, quand il a vu les flammes du camion il regardait comme ça... », elle mimait une posture figée. « Maman dit que dans sa tête c'est si horrible qu'en sortant travailler, elle a mis une chaussure de mon frère et l'autre de mon père... Et, jeudi, j'ai piscine, mais je n'irai pas, j'avais un maillot de bain, mais il est resté dans le feu. Et, cette nuit, je n'ai pas du tout dormi ! »

L'incendie éteint, Craï et des voisins ont, tant bien que mal, charrié les restes. Amadora et lui sont allés au commissariat, « celui à côté d'Auchan ». « Les policiers ont été très gentils, disait Amadora, je me suis même acheté un Kinder Bueno à leur machine ! Ils m'ont saluée : “Bonjour, tu as quel âge, mademoiselle ?” J'ai encore trouvé leur question un peu bête, puisqu'on voit très bien que j'ai 9 ans ! C'est même pour ça, à cause de mon âge, que le policier a dit : “Stop ! Tu ne peux pas parler, tu es trop petite !” alors que je commençais juste à raconter l'incendie pour déposer la plainte. » Amadora était encore offusquée que la police ait négligé sa longue expérience de traductrice agréée par tout le campement : « Vraiment, c'est n'importe quoi dans ce commissariat ! Mon père a dû y retourner plus tard, avec une dame de SOS Racisme. »

Les policiers, en tout cas, n'ont pas eu l'air de prendre l'affaire très au sérieux. « Oui, a poursuivi Amadora, les policiers croient un peu que c'est notre faute ! Ils nous ont demandé avec quoi on se chauffait et ils ont dit que, peut-être, on avait oublié d'éteindre le poêle avant de dormir. Mais je leur ai dit que Maman leur faisait répondre que c'était impossible, puisqu'on l'éteint toujours ! » Craï a fait remarquer aux policiers que le camion n'était pas garé très près de sa baraque et que si l'incendie avait pris à l'intérieur, il ne voyait pas comment il se serait étendu jusqu'au camion. « Les policiers ont rigolé, mais ils étaient gentils ! » a conclu Amadora.

Craï leur a bien parlé de ses soupçons, leur a donné le numéro de téléphone du Gros, leur a montré sa page Facebook et leur a dit que « l'assassin » avait osé l'appeler, lui laissant un message horrible : « Tu as vu ce qu'on a fait, on vous fera bien pire à toi et à ta famille ! » Les policiers ont conseillé à Craï : « Si vous voyez ce Gros, vous nous appelez ! » C'est pourquoi Craï est parti, dès 7 heures, le matin de l'incendie, au marché de Saint-Ouen où, souvent, rôdait « l'assassin ». S'il le croisait, il le traînerait à la police. En vain, car le Gros avait disparu.

Mais sur le PV de police, il était écrit :

« Infraction initiale : dégradation ou destruction d'un véhicule privé

Suspect : aucun

Témoin : aucun

Constatations policières : aucune. »

C'était bien peu pour un incendie criminel.

L'enquête, d'ailleurs, n'a jamais ni commencé ni fini. Peu après l'incendie, le Gros est revenu sur le campement. Selon Amadora, « les autres lui ont couru derrière, il s'est enfui ». Après quelques semaines, sans nouvelles, les flics ont expliqué au procureur « que le feu avait débuté dans le poêle à bois, à bas bruit, sans flammes, avec des dégagements toxiques ». Cela expliquerait ce « sommeil de mort » qui avait saisi toute la famille.

Le Patron s'est dit désolé, il leur a promis de leur passer une dépanneuse pour évacuer les petits bouts de camionnette, de caravane, de planches et tout le fourbi à moitié consumé. Rien, pas même le camion n'était assuré. Tout était définitivement perdu.

CHAPITRE III

« Saint-Denis, c'est fini ! »

Maintenant que tout a brûlé chez nous, je suis allée à l'école avec seulement un stylo, je pleurais, je voyais tous les autres avec leur cartable et moi je n'ai plus rien, je n'ai même plus mon beau sac à dos Violetta que Dominique m'avait offert et que j'aimais beaucoup. Non, c'est pas drôle du tout et je ne veux pas qu'on rie avec ça. Mais Martine, une de mes maîtresses de Stains, m'a dit que tous les maîtres et les maîtresses pensent à nous et qu'ils vont nous offrir, à Craï-Abel et à moi, des cartables avec tout ce qu'il faut dedans ! À l'école, on nous a mis, avec mes frères, chez le spirologue, ou je ne me souviens plus de comment ça s'appelle, mais c'est un docteur. Maman a dit au directeur qu'elle était d'accord pour qu'il nous pose des questions. C'est pour voir si on va bien.

Avant l'incendie, on allait à l'hôtel social, seulement le soir pour dormir. Dans la journée, on était au campement, après l'école et le week-end aussi. Mais là, on va vivre tout le temps à l'hôtel. Et Saint-Denis, c'est fini, Maman dit qu'elle ne veut plus trop y retourner, sauf quelques fois, pour voir des amis, mais comme elle n'en a plus beaucoup là-bas, je crois qu'on n'ira plus du tout. À l'hôtel, on est au cinquième étage, et il y a un ascenseur, heureusement. On a une chambre pour nous six, avec deux grands lits superposés et un canapé. Je dors avec ma sœur Coco dans celui du haut et mes frères en dessous avec ma maman. Et, parfois, on échange. Parfois, aussi, quand il y a trop de choses sur le lit du haut, on dort, tous les enfants dans le lit du bas. Pour rire, on appelle les lits, des chambres, et quand on cherche nos affaires, on dit qu'elles sont dans la chambre du haut. Mon papa, il dort par terre sur une couverture. Il dit qu'en deux ans à l'hôtel, il a dû dormir cinq fois dans le canapé clic-clac. Il ne peut pas faire autrement. Quand il était jeune, vers ses 16 ans, il se faufilait dehors, pour se coucher dans l'étable, dans le foin, au-dessus de la vache et des poulets. Sa mère se fâchait, mais il continuait, même l'hiver quand il faisait très froid. Il dormait aussi dans un fauteuil de la véranda. J'aime beaucoup quand il nous raconte ses histoires, avec son frère, mon oncle Gradi, qui se moquait de lui.

Bon, ici, on a un coin pour faire la cuisine, une table, une commode, un très grand placard, où Maman interdit qu'on mette du désordre, parce qu'elle range tout très bien. On a une toute petite salle de bains avec une douche et les WC. Papa dit qu'en Roumanie, on n'avait pas si bien que ça, vu qu'on se lavait dans une bassine.

Je vais changer d'école et mes frères aussi. Ça me rend très triste, j'aime tellement mon école de Stains et mes maîtresses et tous mes amis. Même si des élèves étaient méchants, avec tous ceux qui criaient « la Gitane, tu pues ! ». Mais Maman dit que, comme ça, on n'aura plus besoin de se lever à 4 h 30 le matin pour que Papa nous emmène de Paris à Stains dans sa camionnette. De toute façon, il n'en a plus, elle a brûlé. Hier, le directeur et les maîtresses pleuraient pour nous, quand on a fait les papiers pour quitter l'école. Vanessa, ma maîtresse a dit : « C'est pas gentil de m'enlever ma collègue ! » parce qu'elle dit toujours que je suis bien plus que son élève. Et, on est tous partis du campement avec Frédéric, notre lapin et Persida, la sœur de mon papa.

Maman dit que je suis courageuse, parce que je ne pleure pas, mais elle aussi est courageuse, elle continue à se lever très tôt, à 4 heures, pour aller travailler à la régie du quartier à Stains, elle voudrait bien trouver un autre travail près d'ici. Elle dit que, forcément, il y a une régie du quartier à Paris XIIe, il paraît qu'il y en a partout, elle va demander à son assistante sociale. Ce qui est triste aussi c'est qu'on ne peut plus jouer avec les enfants du camp et courir avec eux, en liberté, comme dit Maman.

Des amis de Dominique, des Français qui sont très gentils, nous ont donné des assiettes, des tasses et tout ce qu'il faut pour manger. Et aussi des robes, des jupes, des pulls et des jouets pour Noël…

Près de l'hôtel il y a un grand parc où on va jouer, avec une baleine qui fait fontaine et des balançoires. Et puis on ne va pas s'embêter, ici, pas du tout ! On fait des scoubidous, et on a plein de voisins très sympas ! Mais la nuit dernière, j'ai fait un cauchemar. Le Gros, le méchant qui nous a donné le feu, nous avait retrouvés à l'hôtel, je ne pouvais plus dormir, je pensais tout le temps qu'il allait nous tuer. Et, si ça se trouve, c'est lui qui a volé tous les petits bébés chiens du campement qui étaient si beaux, et sûrement il les a tous vendus…

CHAPITRE IV

Les poubelles de France

À deux pas du métro et de la fac de Saint-Denis, en face d'une boulangerie qui fait café, après un terrain vague, il fallait soulever une barrière rouge et blanc protégeant une allée pavée et défoncée, où une quinzaine de baraques, construites de bric et broc, égayaient les herbes folles. Des gamins cavalaient, des femmes et des hommes devisaient, fumaient ou picolaient sec. Toute l'allée était bordée de bouts de métaux rouillés ou pas, de tables, de chaises branlantes et enchevêtrées, de vieilles machines à laver. C'est là, sur son campement, qu'en mai 2015, huit mois avant l'incendie, j'ai connu Amadora, 9 ans, aux cheveux noirs et luisants, si longs que lorsqu'elle les défait, ils touchent presque la terre et la nappent comme une robe. Elle était plantée sur des tatanes, mains sur les hanches, sa posture familière. Elle m'avait fait visiter les lieux. « Ici, c'est les ferrailles des voisins et là c'est celles de mon père. »

Plus loin, il y avait les restes d'un jardin, autour d'une maison grise et condamnée, fenêtres et porte murées. Au milieu des orties, des chardons, des détritus et de quelques rats qui galopaient, une machine à laver le linge, insolite et solitaire, tournait à fond, reliée à l'électricité par un entrelacs périlleux de prises et de rallonges. Du linge séchait à l'air, sur des fils. « C'est la machine qui sert à tout le monde ! » a précisé Amadora.

Nous étions installés, à siroter un café, dans la « véranda », excroissance d'une moitié de roulotte, propriété des parents d'Amadora et, en quelques heures, une foule d'histoires et d'informations se sont déversées sur moi.

D'abord, leur nom de famille. Lingurar, ou « cuillère », signifie que les ancêtres de Craï, le père, fabriquaient probablement des cuillères, ce qui ne les perchait pas bien haut dans la hiérarchie sociale des Tziganes. Romina, la mère, a 28 ans, elle est grande, très mince, les traits fins et les yeux souvent tristes. En vrai elle s'appelle Véronica et n'est pas rom, mais l'est devenue « par le cœur », en liant sa vie à celle de Craï. Son sourire montre quatre dents en or et deux manquantes, devant, ce qui la gêne beaucoup, mais pour remplacer ces deux dents, il faudrait une belle somme d'argent. Craï, son époux, a treize ans de plus qu'elle, il n'est pas grand mais il est balèze et aussi joyeux que son épouse semble mélancolique. Cheveux ras, barbe de trois jours, il a de gros biceps, quelques dents en or et le regard qui vrille.

Les deux petits frères d'Amadora jouaient autour de nous, leurs longs cheveux noirs tenus par des barrettes à strass rose et bleu. Romina les a présentés. « Craï-Abel, 6 ans, et Samuel, 4 ans, mais on l'appelle tous "Sarko". » Comment ça « Sarko » ? C'était sûrement une blague ! « C'en est une sans en être une, se sont esclaffés les parents, voilà, il se trouve que Samuel est né, ici, en France, en 2011, quand M. Sarkozy, votre président, disait tout le temps plein de mal des Roms, alors on s'est dit que ce serait drôle de le surnommer comme ça ! Ça lui porterait, sûrement, chance ! Et puis, chez nous, beaucoup disent que M. Sarkozy est rom lui aussi… »

Samuel, en tout cas, n'a pas fait mentir l'esprit de son surnom, selon sa mère : « Sarko est le roi des bêtises, la tête pensante des méchancetés, il ne fait que ça… » Quand il sera grand, Sarko veut être policier pour prendre les voleurs et arrêter tous les méchants. « Bien sûr, a applaudi sa mère, on ne peut pas vivre sans policiers, sans quoi, il n'y a plus de loi. » Craï-Abel deviendra footballeur ou chirurgien. Amadora ne sait pas encore, mais sera, sans doute, docteur ou avocate, elle parle déjà trois langues, le français, le romani et le roumain. Enfin il y a le bébé, Livia ou Romina, ce n'était pas très clair, mais on l'appelle Coco, qui, à 18 mois, tète encore le sein de sa mère. Amadora l'a fait jusqu'à ses 2 ans, Craï-Abel a arrêté à 3 ans et Sarko à 2 ans.

Les familles, ici, viennent du même village de Roumanie, Aghires, en Transylvanie, près de Cluj-Napoca. « Nous sommes tous un peu cousins, c'est comme une famille élargie ! » Amadora et Romina m'ont emmenée voir une dame qui paraissait âgée, appelée « grand-mère », ou « Dame vieille », ratatinée sur un fauteuil en plastique blanc, elle chantait les louanges de la France : « Chez nous, c'est un très beau pays, mais on ne peut pas y vivre, ici, on trouve à manger pour les enfants, il y a des aides possibles et mon mari qui est très malade est soigné à l'hôpital. »

Craï faisait les poubelles, y ramassait des tas de trucs qu'il rafistolait et revendait sur les brocantes, dont il tenait la liste, dans toute l'Île-de-France. Ils s'y rendaient en famille, se levant à 1 heure, pour trouver une bonne place. Et Amadora, qui dormait dans l'amas de fripes, se réveillait d'un coup, alpaguait les acheteurs, brandissait les objets, braillait les prix et remportait de gros succès. « Pour nous les Roms, disait son père, la poubelle c'est comme un magasin, on en sort à manger, des vêtements, des chaussures, des livres et plein d'autres choses encore ! Beaucoup de Roms se sont fait une vie meilleure, grâce aux poubelles de France ! »

CHAPITRE V

Ma super maison

La maison grise, c'était notre maison, avant, sur le campement de Saint-Denis. On y est arrivés, parce qu'elle était vide, avec un jardin, où mon père a installé la machine à laver de tout le monde. Maman disait que c'était vraiment très bête qu'une super maison comme ça, avec l'eau et l'électricité, reste sans personne dedans. J'ai dessiné le plan pour que Dominique comprenne comment c'était. Il y avait deux étages avec des vraies chambres, une cuisine, une salle de bains. Moi je dormais en haut avec mes petits frères dans un lit très grand. À côté, c'était la chambre de mes parents. Au fond, la chambre d'une autre famille. En dessous, il y avait encore deux familles. On était si bien ! On était tous amis, on jouait avec les enfants de la maison. On avait même une piscine en plastique, dans le jardin, qu'on remplissait d'eau. Une fois, on s'y était tous mis et elle a craqué, on était trop dedans ! Souvent, j'en rêve… Mes parents disent qu'on est restés là deux ans, moi je ne sais pas trop compter le temps.

Un jour, c'était pendant les vacances d'été de 2013, la police est venue, ils nous ont dit :

« Il faut que vous partiez de là demain matin, très tôt ! »

On est sortis avec nos paquets à 4 heures du matin et on a attendu. Ils sont arrivés à 7 heures, pendant qu'on prenait le petit-déjeuner dehors. Il y avait plein de policiers, avec quatre cars, Maman pense qu'ils avaient peur qu'on refuse de partir, alors que nous, on était déjà dehors de la maison avec toutes nos affaires.

Une dame roumaine nous a dit de donner nos cartes d'identité et ensuite… euh… elle a dit que si on ne donnait pas nos papiers, on serait expulsés de France. Ça, c'est mes parents qui me l'ont répété, parce que moi, j'ai un peu oublié. Il y avait aussi une policière roumaine vraiment très gentille et Maman lui a demandé où on devait aller, après être sortis de la maison, parce qu'elle était enceinte de Coco et qu'elle avait peur de dormir dehors. Mais personne nous a dit où aller et des gens qui étaient avec les policiers ont commencé à fermer la maison avec des briques et du ciment. Le soir, on a dormi sur un matelas, dans la camionnette de Papa, en face de la maison qui avait les portes et les fenêtres bouchées. On est restés longtemps là-dedans, un mois ou plus, je crois, parce que quand on est retournés à l'école, à la rentrée de septembre, on habitait toujours dans la camionnette.

Mon père, tous les matins, il nous amenait à l'école et il partait chercher des planches et du bois dans les bennes à ordures et dans la rue, pour nous construire une baraque. Et on s'est installés là, derrière notre ancienne maison. Mais, après un peu de temps, la police est encore venue et ils ont détruit notre baraque, elle était tout aplatie et j'ai beaucoup pleuré.

C'est là que mon papa m'a dit qu'on allait voir le Patron ensemble. C'est le propriétaire du terrain, qui travaille à construire des maisons et il nous connaissait bien, depuis qu'on vivait là. J'ai répété au Patron ce que disait mon père : « Est-ce que tu peux nous laisser vivre sur ton terrain si on se fabrique des cabanes ? Tu nous connais, on n'est pas des voleurs, on fera pas de problème ! » Il a dit qu'il devait réfléchir : « Parce que je vous connais, aujourd'hui, vous êtes trois, demain vous serez cent ! Et moi, je ne veux pas plus de quinze baraques ici ! »

Maman dit que ça a duré un mois comme ça, avec le Patron qui passait en voiture devant nous en criant « bon courage ! », et nous aussi dans notre camionnette où on vivait dedans, on répondait « bonjour, bonjour, alors tu as réfléchi ? » et on attendait. Maman pense qu'il espérait qu'on parte. Mais, un jour, il est venu voir mon père et ils m'ont appelée pour traduire :

« Voilà, il a dit, à Papa, je veux que tu sois responsable ici, pour qu'il n'y ait jamais de problèmes. Je veux que plus personne, comme tout le monde fait aujourd'hui, vienne décharger des ordures et des gravats au fond de mon terrain et je ne veux pas voir plus que quinze baraques ici ! »

Mon papa a dit : « Oui, bien sûr, tu peux me faire confiance ! » et il est vite parti chercher des bouts de bois pour fabriquer une nouvelle maison. Il a ramené une moitié de vieille caravane, il a tout assemblé et il a même construit une véranda. On avait une toute petite chambre avec un matelas, pour la sieste, et une gazinière dans la véranda, avec un beau buffet en bois, où on rangeait les choses qu'on aime.

C'est là qu'on s'est installés, sur le camp, en face de la maison grise que j'aimais tant, ça me faisait des souvenirs, et aussi de la peine, de la voir tous les jours. Mes parents disaient que c'est vraiment très bête de laisser une si jolie maison s'abîmer, sans personne dedans, alors que beaucoup de gens dorment dans la rue.

Dimanche dernier, l'ancien propriétaire de la maison est venu nous voir. Mes parents ne l'aiment pas du tout. Avec une dame française, ils étaient allés au tribunal contre lui pour demander qu'on reste dans sa maison. Mais ça n'a pas marché.

L'ancien propriétaire était avec un autre homme, ils avaient l'air très en colère, et ma mère m'a demandé de traduire. Ils voulaient qu'on s'en aille, nous, et tous les Roms du campement. Le propriétaire, c'était le plus méchant, il me criait dessus :

« Vous avez une journée pour foutre le camp ! »

Maman lui a dit qu'elle allait tout de suite appeler Patrick, le Patron.

Mais le monsieur ne disait que des gros mots :

« Vous comprenez rien, bande de cons, je m'en bats les couilles de Patrick, j'en ai rien à foutre de lui ! Si vous n'êtes pas dehors demain, je saurai quoi faire de vous ! »

Tous les voisins sont venus voir ce qui se passait, moi j'avais très peur et ma mère s'est mise à crier aussi :

« T'es pas le patron ! »

Mais il s'est énervé encore plus :

« Toi, ta gueule ! À crier comme ça, tu devrais avoir peur de Dieu ! N'oublie pas qu'ici t'es en France, pas chez toi, en Roumanie ! »

Maman lui a demandé pourquoi il revenait parce qu'on ne l'avait pas vu depuis trois ans.

« J'étais en vacances ! » il a dit.

C'est idiot, c'est un mensonge, personne ne peut être trois ans en vacances. Maman pense qu'il ne s'attendait pas à ce qu'on reste ici si longtemps et, qu'à notre place, il veut faire un camping pour les prières des musulmans, parce qu'il a des amis, des migrants, qui ne savent pas où aller. L'homme et son ami sont partis, enfin. Ouf, ils m'ont fait très peur. Quand mon père est revenu des poubelles, il m'a fait téléphoner au Patron, il a été très gentil, il m'a dit :

« Il faut pas vous en faire et, si ce type revient, appelle-moi tout de suite, il va voir ce qu'il va voir ! »

L'homme, le méchant, avait promis de revenir ce matin vérifier si on était bien tous partis et Maman n'a pas dormi de la nuit. Heureusement, il n'est pas revenu.

CHAPITRE VI

Ludovica

En juin 2015, Ludovica a débarqué, en coup de vent, dans la roulotte de Romina, elle sortait de chez le médecin. Il faisait chaud, elle était essoufflée, elle s'éventait à coups de larges gestes des deux mains et s'est carrée sur une chaise, elle avait une nouvelle à annoncer :

« Les amis, c'est la catastrophe, je suis enceinte ! À mon âge, vous vous rendez compte, c'est honteux ! Je ne peux pas le garder, même mon fils m'a dit qu'il quitterait la maison si j'avais un bébé, il dit qu'il aurait honte devant ses amis... » Avec sa silhouette ample, sa démarche lourde, ses cheveux noirs qui dégoulinent sur ses joues pleines, mais ravinées, Ludovica, qui semble approcher la cinquantaine, n'a que 36 ans et se juge donc « trop vieille ».

Romina l'a écoutée et a levé au ciel des mains suppliantes : « Je t'en prie, garde-le, c'est un péché terrible d'ôter la vie à un enfant, si tu n'en veux pas, moi je le prendrai ! »

Elle n'en avait pas fini avec les tirades pieuses. Elle a montré une image sainte, un ange rose survolant la Vierge Marie sur fond de verdure et un crucifix en paille, accroché au mur de contreplaqué : « Dieu l'interdit, Dieu est bon, Dieu... »

Mais Ludovica l'a stoppée net, poursuivant sa litanie. Elle ne pouvait pas, elle était bien trop âgée et, en plus, déjà très grosse et elle aurait si chaud enceinte en été. Et son fils de

18 ans qui venait de se marier ! C'était à lui d'avoir un enfant, pas à elle. Elle n'allait quand même pas accoucher avant sa belle-fille, qui, d'ailleurs, n'était même pas encore enceinte. Et puis son mari qui boit tellement ! Et il allait falloir trouver un endroit où vivre, puisque, en plus de tout ce tracas, elle avait été expulsée de son hôtel social, qui était plutôt une résidence d'étudiants, où elle avait été placée par le 115, le Samu social, avec son fils, le petit de 12 ans. Malheureusement, son fichu mari, qui avait un peu disparu, avait réapparu et y avait emménagé. Il faisait tant de tapage qu'au départ de Ludovica pour quinze jours en Roumanie, le gérant a exigé que la chambre soit vidée. Voilà pourquoi elle a dû trouver refuge, sur le campement, dans la cabane du frère de Craï, qui n'est jamais là, puisqu'il travaille près de Montargis à construire des maisons. Comme si ça ne suffisait pas, Ludovica avait découvert qu'un Rom, en qui elle avait toute confiance, avait piraté sa carte Vitale à elle, s'y inscrivant, avec ses deux enfants à lui, comme son « concubin ». À ce titre, il s'était fait attribuer un logement, ou plutôt, un hôtel, par le 115, obligeant Ludovica à passer des jours et des jours à remettre en ordre sa Vitale. Ce sale type, elle l'avait connu lors de l'expulsion de son campement de Stains, où il se présentait, toujours, aux yeux de tous, comme « un médiateur ». Après l'expulsion, ce faux négociateur, mais vrai bandit, avait découragé tout le monde d'accepter les quelques maigres relogements proposés « bien sûr, il avait négocié l'hôtel pour lui, sous mon nom ! » tempêtait Ludovica.

Elle en avait des histoires dans la tête, cette Ludovica ! Comme celle du commandant de police, dans sa ville en Roumanie, qui, à grand renfort de publicité, multipliait les rencontres et réunions avec les bandes de petits voleurs qui sévissaient un peu partout. Il clamait, ce policier, qu'il allait les remettre sur la bonne route. Mais, en fait, avec ces gamins, il montait des équipes qui volaient pour lui... Tout le monde a éclaté de rire et, oubliant ses innombrables soucis, Ludovica s'est lancée dans de grands discours :

« Les Roms ont beaucoup appris aux Français, aux Noirs, aux Arabes, aux Blancs. Grâce à nous, eux aussi se nourrissent dans les poubelles, ramassent de la ferraille et revendent dans les brocantes. »

Et pour quelle reconnaissance, quelle gratitude ? Aucune ! pestait Ludovica. Tout au contraire, la vie des Tziganes, philosophait-elle, est une vie sans droit. À se demander pourquoi l'Union européenne a fait rentrer la Roumanie dans l'Europe, si c'était pour refuser aux Roms les mêmes droits qu'aux autres. C'est triste à dire, mais partout où vont les Tziganes, on les regarde de travers, on leur dit toujours non !

En Roumanie, un si beau pays, dont Ludovica, Romina et Craï ressentent, sans cesse, la nostalgie, eh bien c'est encore pire ! Pourtant, l'argent de l'UE y coule à flots, pour les Tziganes, tout le monde sait ça ! Des milliards ! Et tout ou presque, jusqu'aux colis humanitaires de la Croix-Rouge, est volé par les hommes politiques. Ludovica était intarissable. Ces vols étaient révoltants. Et si elle en avait le pouvoir, elle irait, en personne, dans chaque mairie de Roumanie, vérifier où passait cet argent.

Elle s'y connaissait en politique. Son propre père avait été député d'un parti rom ! Président de sept départements, il se rendait, trois fois par semaine, aux réunions de trois villes différentes et s'occupait des gens. Hélas, voici cinq ans, il avait tout arrêté, dégoûté devant tant de corruption. Le nom exact de son parti, elle ne s'en souvenait plus.

Elle a sorti son téléphone :

« J'appelle mon père, je lui demande ! »

Et elle a raccroché, satisfaite. Le « Partida Romilor ». Il a pour symbole un trèfle noir et c'est lui, enfin, ses élus ou adhérents, tous Roms, qui prennent la défense de leurs semblables et parviennent à parlementer avec la police quand il le faut. Ce parti a été fondé en 1990, un an après la chute et l'exécution des Ceauşescu. Ah celui-là, ce « grand président », comme ils le regrettent ! Avant lui, les Roms vivaient dans des baraques, sans fenêtres, comme sur un campement, et les grands-parents de Craï, très vieux, couraient partout, en tirant un chariot, pour vendre des cuillères et des fourchettes en bois. Le soir, ils couvraient de toile le chariot pour dormir… Mais pour les Roms, tout s'était arrangé grâce au président Ceauşescu !

Alors ça ! C'était incroyable d'entendre de pareilles choses ! Comment pouvaient-ils pleurer cet infect tyran ? De la voix douce et patiente, que l'on prend pour causer à ceux qui ne savent pas ou ne comprennent pas tout, Craï a expliqué, par la voix de Ludovica : quand le président Ceauşescu était au pouvoir, ceux qui le voulaient avaient du travail et les Roms étaient traités à l'égal des Roumains. Ainsi le père de Craï travaillait-il dans une carrière de sable et de plâtre et sa mère dans une usine, d'autres étaient employés dans les fermes d'État. Chacun, Rom ou Roumain, avait un logement. Et les propres parents de Craï ont même pu s'acheter une maison, où ils sont encore. C'était l'égalité. Hélas, dès l'assassinat du président et de sa femme, tout avait été chambardé. Fini, plus de travail, plus de logement. Les Roms sont redevenus pauvres et méprisés, comme ils l'ont toujours été. En Roumanie, il y a beaucoup de racisme, surtout contre les pauvres ! En France, c'est beaucoup, beaucoup mieux, quand tu n'as pas de logement, tu appelles le 115 et ça y est, tu vas à l'hôtel ! Et, au fur et à mesure qu'elle traduisait, Ludovica manifestait vigoureusement son approbation tout le long de cet étrange discours.

CHAPITRE VII

La Roma Pride

En septembre 2015, Amadora claironnait qu'il allait se passer un grand événement et, si elle n'en captait pas toute la portée, elle en sentait bien l'immense importance. Le 4 octobre, un dimanche, pour la première fois, la Roma Pride, la Marche de la fierté rom, se tiendrait chez elle, sur le campement. C'était annoncé sur le site de SOS Racisme :

> « ROMA PRIDE
> Initiative : SOS Racisme
> EGAM (European Grassroots Antiracist Movement)
> UFAT (Union française des Associations tziganes)
> Quand : Dimanche 4 octobre à partir de 14 h 00
> Où : Campement, 43, avenue de Stalingrad, 93240 Saint-Denis
> Métro Saint-Denis – Université, ligne 13
> Prises de paroles. "Déconstruire les préjugés sur les Roms & autres", animations visuelles prévues pendant le festival
> Un barbecue sera organisé avec la participation des militants, artistes & invités
> Musique : faire connaître le peuple et la musique tziganes
> Venez nombreux participer à cette belle mobilisation festive et ouverte pour la dignité et l'égalité. »

Amadora était allée demander au Patron s'il l'autorisait et il avait dit oui, même pour le barbecue, à condition qu'il n'y ait ni feux d'artifice ni pétards, croyant, sans doute, à un 14 Juillet tzigane.

Fébriles, Romina, ses fils, les voisines, les enfants, Amadora en tête, avaient préparé le grand repas de fête, dressé des tables dans l'allée, accroché des guirlandes. Il y aurait beaucoup de monde, « peut-être tous les Tziganes de France », prédisait-on. Et de la musique et des danses traditionnelles.

Le grand jour enfin arrivé, les invités se sont rués sur les tables qui croulaient sous les roulés de choux farcis, les saucisses, les côtelettes, les salades et d'énormes gâteaux rose et blanc, ornés de perles argentées et de cœurs en crème blanche. Romina avait sorti ses beaux verres de toutes les couleurs. Toutes les femmes, les filles et même les bébés comme Coco étaient vêtues de costumes traditionnels, de couronnes de fausses fleurs, de fichus bigarrés et brillants. Une grande caisse en bois solide faisait office de scène : « C'est pour les pauses, où des gens vont dire des choses », expliquait Amadora. Elle s'était faite si belle, en blouse blanche et ample, sous un petit gilet brodé, une jupe longue et une ceinture à sequins dorés qui bruissait quand elle dansait. La tête enveloppée d'un foulard à fleurs et des boucles d'oreilles en or qu'elle agitait sans cesse.

Craï et ses voisins discutaient d'un « grand projet pour les Roms des bidonvilles », qui n'a jamais vu le jour. Des amis, des militants, surtout des femmes, allemandes, suisses, espagnoles, roumaines, françaises, bavardaient, racontaient leurs expériences, les campements démantelés, les enfants sans école, les familles sans surveillance médicale, un drame pour la santé publique, en s'empiffrant, en s'éventant, il faisait chaud, avec le soleil et l'alcool.

« Je suis fier d'être rom », « Je suis rom et je travaille », proclamaient des pancartes, brandies par des personnages au masque blanc. On chantait, on dansait, sur la musique endiablée de chanteurs et de violonistes. Et tous, artistes, musiciens, Romina et Coco dans ses bras, Amadora et sa cousine et tout le campement tourbillonnaient le long des bicoques.

Craï-Abel qui danse comme un as, se cachait et s'arrêtait dès qu'on le regardait. Il n'aime pas qu'on le voie se tortiller, ni même qu'on l'admire, il trouve que « ça fait fille ». Même Gradi, le frère de Craï, qui travaille à construire des maisons, en province, pour 40 euros par jour, était revenu et tanguait avec les autres, en agitant ses bras énormes. La fête était émaillée de prises de parole formidables, les associations, les jeunes Roms enrôlés du service civique et tous ceux qui voulaient prendre le micro pour défendre la cause.

« J'ai rien compris et mes parents non plus », m'a confié Amadora.

Qu'importe. Tous étaient ravis, si fiers d'avoir accueilli cette inoubliable Roma Pride, dont ils n'avaient pas vraiment saisi le sens, mais qui était une fête d'enfer, comme ils les adorent, et se trouvait, désormais, immortalisée, en photos. « On me voit même sur Facebook ! », s'émerveillait Amadora.

CHAPITRE VIII

Si tu le veux, ce sera pour la vie…

Nous étions installés, à bavarder, dans la véranda de la baraque à Saint-Denis, quand, main dans la main Craï et Romina ont annoncé qu'ils avaient une histoire à raconter. La leur.

Craï. – Elle avait 13 ans quand je l'ai connue et moi je venais, avec mes parents, dans son village, me marier avec ma huitième femme. Oui, huit femmes, comme Barbe Noire, le nom de Barbe Bleue chez les Tziganes. Et Romina, dès qu'elle m'a vu, est tombée amoureuse de moi ! Je suis resté deux ans avec ma huitième épouse, et pendant ce temps, Romina demandait de mes nouvelles à tous les amis, disait qu'elle m'aimait et qu'elle m'épouserait un jour. Trois ans ont passé et je suis revenu au village. Romina pensait que c'était pour elle, mais pas du tout. J'étais déjà brocanteur, je venais acheter des meubles. Un samedi où le grand frère de Romina se pomponnait pour aller en boîte de nuit, elle a pris son courage et m'a invité à faire la fête avec eux. Je lui ai dit non, je ne connais personne, elle m'a dit : « Comment ça ? Tu me connais moi ! »

Romina. – Une fois dans la discothèque, j'ai vu qu'il connaissait beaucoup de monde, il dansait, il buvait, il m'avait oubliée, complètement, il ne me regardait plus du tout. Il a jeté par terre sa veste dans laquelle il gardait tous ses papiers et son argent pour les meubles. Je l'ai ramassée et je l'ai mise sur moi. Je l'ai gardée toute la nuit, veillant sur son argent, pendant qu'il s'amusait. Sur le chemin du retour, il s'est réveillé, a crié : « Ma veste ! » Je lui ai montré que je l'avais.

Craï. – On s'est dragués et on se demandait comment faire pour être ensemble, je suis tzigane, elle ne l'est pas. C'est très mal vu chez nous et, en tout cas, il faut absolument avoir l'accord des parents et on savait que sa grand-mère ne le donnerait pas. Je lui ai dit : « Regarde-moi bien, je ne suis pas grand, je ne suis pas riche, je ne suis pas blanc, je suis marron. Mais si tu le veux, si tu m'aimes comme je suis, alors on s'enfuit ensemble ! »

Romina. – Je lui ai dit d'accord, mais là, on est dimanche, si je m'enfuis, ma grand-mère le verra tout de suite et elle enverra la police nous poursuivre. Je vivais chez ma grand-mère, je n'ai pas de parents. J'ai donné rendez-vous à Craï le mardi matin, à la gare de Bontida, à trois kilomètres de chez moi.

Craï. – Je suis arrivé très en avance et je suis monté sur une colline d'où je voyais sa maison. Je la regardais, elle fumait une cigarette, elle avait l'air de réfléchir. Je me demandais : « Va-t-elle venir ou pas ? » La grand-mère était dans le jardin, avec une vache. Alors j'y suis allé et je me suis faufilé, en cachette, dans la maison.

Romina. – Le lundi, j'avais volé ma carte d'identité et mon acte de naissance. Je les avais mis sous la nappe. Je n'arrêtais pas de penser qu'il avait déjà eu huit femmes, pourquoi ça irait avec moi ?

Craï. – Je me suis caché sous la table, dans la pièce où elle était et je l'ai regardée s'habiller. C'est la première fois que je la voyais toute nue... En passant ma main sous la nappe, j'ai senti une enveloppe, je me suis dit : « Tiens, de l'argent ! Je vais voler l'argent des Roumains ! » Ça m'a fait rire, mais quand j'ai vu que ce n'était que des papiers, je les ai remis.

Romina. – J'avais 16 ans et je n'avais pas le droit de sortir seule de la maison. J'ai raconté à ma grand-mère que je partais vendre les escargots que j'avais ramassés et faire réparer ma montre cassée. C'était une bonne excuse. J'ai embrassé ma grand-mère très fort, je suis montée vers la colline, je regardais en arrière, je pleurais.

Craï. – Je ne savais plus comment sortir de sous la table, j'avais peur de la vieille dans son jardin. Alors j'ai couru, j'ai renversé exprès sa bassine de lait, la vieille a cru que c'était le chat, elle criait : « Saloperie de chat, je vais te tuer ! »

J'ai filé. Je marchais derrière Romina qui portait un sac bleu sur son dos, je me suis approché, j'ai mis la main dedans. C'était les escargots, c'était dégoûtant. Je l'ai prise dans mes bras, je lui ai dit : « Pense bien à tout, si tu veux être avec moi, ce sera pour la vie, jusqu'à ce qu'on soit très vieux. »

Romina. – Ma grand-mère a dénoncé Craï aux autorités et à mon oncle qui était procureur, et on nous a envoyé des policiers masqués, comme pour les grands criminels. J'étais mineure, Craï est tzigane, il était considéré comme dangereux. J'ai été ramenée chez ma grand-mère. Après deux semaines, j'ai fait passer un message à Craï par des amis, pour qu'il vienne me chercher. Je me suis sauvée en secret et j'ai retrouvé Craï au village. On est retournés chez lui, tous les deux. Tiens, regarde la photo, c'est nous, à ce moment-là, et le jean de Craï, c'est moi qui l'avais volé… La police masquée est revenue, et m'a amenée au tribunal, je me suis révoltée et, au procès, j'ai dit au juge que je resterais avec lui, avec Craï, et le juge a dit à ma grand-mère : « Cette fois je ne peux rien, elle veut vraiment. » Ma grand-mère est restée deux ans sans me parler, ni à Craï. Elle ne l'aime pas. Enfin, quand Amadora est née elle est venue chez nous, elle l'a vue et elle a accepté. Un peu, mais pas vraiment.

CHAPITRE IX

La bella Napoli

Amadora avait 2 semaines et moi je suis restée seule à la maison, en Roumanie. Mon mari est parti en Italie, voir si on pouvait vivre là-bas. Après un mois, il est rentré et il a dit :

« On y va ! »

On a fait le passeport pour Amadora et, après quinze jours, on est partis, tous les trois, en autocar jusqu'à Napoli. Pourquoi là ? Parce qu'à Napoli, nous avons un bon ami de la famille qui vend des choses sur la plage, il les achète en gros. Des « portafortuna », oui, des porte-bonheur, des lunettes de soleil, des jouets en plastique, beaucoup de choses ! Napoli est une ville très belle, très médiévale. On a pris une chambre, on payait 200 euros chaque mois, 100 euros moi, 100 euros Craï. Il y avait tout. Douche, télé, lit, cuisine. Non, c'était pas très cher.

Moi, je restais à la maison à préparer le manger et à m'occuper d'Amadora. Craï, tous les jours, il travaillait à la plage. Oh, comme il faisait chaud ! Trop, trop chaud ! Mais on était très bien, et moi, très heureuse, avec ma famille. Craï allait à Salerno et à Pompéi, vendre aussi, c'est tout près de Napoli. À Salerno, il avait une bonne amie policière et il allait beaucoup la voir, ça m'énervait un peu, c'est obligé. Alors, souvent, j'allais avec lui, on prenait le train, avec

Amadora, on visitait, on travaillait à faire les marchands ambulants. Un soir, le grand volcan a tonné, il crachait du feu, mais pas des grandes flammes, ça faisait un peu peur et c'était beau.

Le grand malheur en Italie, à Napoli, c'est la mafia. Il y en a beaucoup, beaucoup ! Mon mari et moi, on n'avait jamais vu des morts, en Roumanie, mais là-bas…

Un matin, en descendant la rue, j'en ai vu huit par terre. Tous tués. Un autre jour, Craï voit une voiture, avec deux personnes, un vieux et une jeune, le père et sa fille, sûrement. Deux hommes à moto passent, avec un qui avait un couteau grand comme ça et ils ont donné un coup très très fort dans le pare-brise, c'est arrivé dans la tête des deux. Ils sont morts tous les deux, la jeune et le vieux.

Et il y a eu beaucoup d'histoires comme ça. Il y avait un café où on allait tous les jours, parce qu'on retrouvait là beaucoup de Roumains, et que le propriétaire donnait toujours des croissants gratuits à Amadora, et ce jour-là, un ami de mon mari jouait avec Amadora, il l'avait dans les bras :

« Oh, Amadora, je t'aime beaucoup, beaucoup, ma fille a le même âge que toi. »

On allait partir et l'ami de mon mari est monté sur sa moto, quand un homme, en moto aussi, est arrivé, il a tiré avec un pistolet et l'ami de mon mari est tombé. Tué ! La balle a tapé le mur et elle est repartie sur une dame, une Roumaine, qui restait là, à boire son café, sa jambe a été percée, la balle a remonté jusqu'en haut. Craï et un autre ami l'ont prise et l'ont amenée à l'hôpital pour sortir la balle. Elle vivait dans la même maison que nous. Non, non, elle est pas morte.

Un autre jour, on était à Salerno, avec Craï et sa mère qui était venue nous visiter. On était à la gare, on revenait de vendre les choses sur la plage. Arrivent deux hommes.

« Bonjour, mon ami, ils disent à Craï. Ça va ? Quelle nationalité ? Albanais ? Marocain ? »

Mon mari, tu sais, il aime bien rire, dire des bêtises, il dit : « Albanais. »

Moi, je voyais le grand couteau qu'un des hommes tenait derrière lui. Je dis à Craï en roumain :

« Attention, Craï, grand couteau ! »

Et je dis aux messieurs :

« Non, non, mon mari pas albanais, mon mari roumain, nous sommes roumains ! »

Les messieurs étaient très, très nerveux et celui qui avait une grande croix de la Sainte-Marie, il a fait un baiser à la médaille et il a pris Craï dans ses bras :

« Mon ami, jure sur la Mère que tu es albanais ! »

Moi je disais toujours :

« Non, non, pas albanais ! »

Le monsieur a ri et a dit encore :

« Mon ami, tu es malade de la tête, toi ? Pourquoi dire albanais ? C'est quoi ton problème ? Moi, un Albanais, si je le trouve, je le tue au couteau ! Un Albanais il a tué un ami à moi ! »

J'avais très, très peur, je me disais que, si j'avais pas regardé le couteau, quand il avait serré Craï contre lui…

Et puis un jour, au marché, avec Amadora dans mes bras, j'achetais un poulet chez le boucher et deux femmes à moto arrivent. Je les connaissais, elles venaient souvent regarder Amadora :

« Comment elle s'appelle ta petite fille ? Elle est belle, très belle ! Elle s'appelle Anamaria ? Oh Maria ! »

Elles aimaient ce nom, en Italie, beaucoup prient la mère de Jésus. Et souvent, elles jouaient avec Amadora en riant, très gentilles. Une fois, elles m'avaient donné 50 euros :

« Pour la petite, pour des jouets pour elle, ou des couches. »

Je leur ai dit bonjour. Je tenais ma fille sur mes hanches, comme toujours et les deux femmes, elles riaient tout le temps, elles pinçaient les joues d'Amadora, comme ça, doucement. Elles sont montées sur leur moto, je croyais qu'elles partaient, mais celle de derrière, elle a commencé à tirer le bras d'Amadora et elle tirait vraiment. Moi je tirais aussi. Et elle encore plus fort, elle la tirait, elle l'attrapait. Je me disais :

« Oh mon Dieu, la Amadora va être toute cassée, mais tant pis, je la laisse pas ! »

Je criais beaucoup, Amadora, toute rouge, pleurait, pleurait, elle avait mal et les deux femmes, elles criaient, elles aussi. Et beaucoup de monde passait, mais personne ne faisait rien, ça les intéressait pas. Je me disais, je suis une Rom, une Roumaine, elles sont italiennes, elles veulent voler Amadora et moi je pourrai rien faire, personne me croira, parce que tout le monde dit que nous, les Roms, on vole les enfants des autres.

J'ai eu une force énorme qui est arrivée, j'ai pris le visage de la femme dans ma main, comme ça, et j'ai serré très, très fort, et j'ai tiré sur Amadora et je l'ai eue. Alors j'ai jeté mon pain et mon poulet et j'ai couru, couru dans toutes les petites rues. Elles étaient dans mon dos à moto et moi je zigzaguais, je me cachais où je trouvais et je repartais, je courais tellement vite ! Quand je suis arrivée à la maison, pas possible de parler avec Craï, pas possible de respirer. Je pense que ces deux femmes vivaient ensemble et ne pouvaient pas avoir d'enfant ensemble, alors elles voulaient ma Amadora. Après ça, Craï ne m'a plus jamais laissée seule, même pas pour faire les courses. On est restés encore cinq ou six mois en Italie et on est revenus en Roumanie pour les Pâques. On n’est jamais retournés à Napoli. Beaucoup de Roumains y sont, comme ici, vendeurs ambulants ou musiciens. Et beaucoup meurent en Italie.

CHAPITRE X

« C'est pas possible, des choses pareilles ! »

Après l'Italie, on est allés un peu en Angleterre, des cousins à nous y étaient, mais on n'a pas aimé du tout là-bas, et on est revenus chez nous, à Cluj-Napoca, où Craï-Abel est né. Et, puis, en 2010, nous sommes partis en France, avec lui, encore bébé, Amadora est restée chez la mère de Craï, à Aghires, près de Cluj, parce qu'elle avait commencé l'école là-bas.

On est arrivés directement à Pierrefitte, au campement de « La Sabrina », qui est très célèbre, chez nous, à Cluj-Napoca. Nos amis nous avaient dit :

« Si tu vas en France, va de suite à La Sabrina ! C'est pas loin d'un petit parc et d'une boîte de nuit où les Arabes font de la musique et dansent. »

On est restés un an à La Sabrina. On était vingt cabanes et on se connaissait tous, c'était un peu comme la famille.

Et je suis entrée à l'hôpital, accoucher de Samuel. Craï allait chercher dans les poubelles pour m'apporter à manger, parce que j'avais peur du manger de l'hôpital, je ne touchais rien, sauf le matin, le thé, le sucre et le pain. C'est pour ça, je crois, que je n'avais plus de lait et Samuel pleurait tout le temps et moi aussi. Je ne comprenais rien du tout, quand le docteur me parlait, et je comprenais rien du tout avec les infirmières aussi. Un jour, ils m'ont donné un thermomètre pour Samuel, je l'ai mis sous mon aisselle. Ils ont ri, ils se moquaient de moi, ils n'étaient pas méchants, mais j'ai encore pleuré.

Après trois jours, je suis sortie, mais le jour même de mon accouchement, la police était venue à La Sabrina. Mon mari m'a raconté. Il y avait beaucoup de policiers et de bus, ils criaient dans des haut-parleurs et ils ont fouillé les maisons, mais il n'y avait plus personne, tout le monde était parti, c'est souvent comme ça, chez nous les Roms, avant une expulsion. Mais Craï et Craï-Abel, eux, ils étaient restés et ils dormaient tranquillement. Ils ont entendu « Police ! Police ! » et ils se sont réveillés avec deux policiers devant eux, qui ont éclaté de rire en les voyant au lit.

« Tu as vu, a dit un policier à mon mari, on est beaucoup pour vous deux, et il y a même un traducteur juste pour vous ! » Après, ils ont cassé notre baraque et tout le campement était détruit. Ils ont dit qu'à notre place ils allaient construire une autoroute. Alors on est restés dans la camionnette, une semaine. Il faisait froid, les lèvres du bébé étaient toutes bleues, j'avais peur et j'allais sous le soleil, dans la rue, avec lui, pour qu'il ait plus chaud. Samuel pleurait souvent, il criait beaucoup.

Après ça, on est allés chez une tante de Craï, qui vivait dans une maison abandonnée à Pierrefitte. On n'a pu rester là que deux mois, parce que la tante trouvait qu'on était beaucoup et que les enfants faisaient trop de bruit. Alors, on est rentrés en Roumanie pour l'anniversaire de Craï-Abel et pour chercher Amadora.

On est revenus en France, en août 2011, et on est allés à Saint-Denis, parce qu'un bon ami à nous, Bibi, vivait dans une baraque, sur un terrain et il nous a dit de venir avec lui. C'est là qu'on a trouvé la maison grise où il n'y avait personne dedans, alors que c'était vraiment une belle maison. On était quatre familles, des amis. On a nettoyé toute la maison qui était très sale et, après ce grand ménage, on s'est installés. C'était une bonne vie dans ce logement mais, après deux ans, on a été expulsés, le 10 août 2013, comme a raconté Amadora. On a cherché un autre endroit, mais on n'a rien trouvé et, pendant deux mois, avec mon mari et les enfants, on a dormi dans la camionnette, mais elle était très petite pour nous tous, alors on dormait aussi dans la rue. Oui, sur un matelas, comme les familles qu'on voit tout le temps, à Paris, sur les trottoirs. Il ne faisait pas froid. Quand il pleuvait, on retournait dans la voiture.

Craï avait vu des maisons abandonnées, et un jour, on est rentrés dans une d'elles, on s'est installés. Mais la police est venue, ils ont emmené Craï au commissariat et comme ils ont vu les enfants, moi ils m'ont laissée. J'avais très peur qu'ils gardent Craï, ou qu'ils l'envoient en prison, mais il est revenu après des heures. On n'ira plus dans ces maisons, mais c'est très bête quand même de les voir vides, qui servent à personne, avec tous ces gens et ces familles dans la rue, sans rien.

Après ça, mon mari et les autres amis roms ont reconstruit des baraques, juste derrière la maison grise et on a pu vivre là encore, plusieurs mois. C'était un petit camp, il y avait, peut-être dix cabanes en tout. Mais un jour, j'étais seule avec Coco, qui était bébé, mon mari était aux poubelles et des policiers sont arrivés. Énormément de policiers. Ils nous ont ordonné de rester chacun dans sa baraque, ils cherchaient quelque chose, ils fouillaient partout. Et puis, ils sont partis en emmenant Bibi, notre ami qui était là avant nous. Je ne savais pas du tout pourquoi ils le prenaient. Sa femme était en Roumanie et quand elle est revenue, elle non plus ne savait pas pourquoi. Elle l'a cherché partout. Il était en prison.

Une semaine plus tard, la police est venue nous prévenir qu'il fallait quitter le campement et on a préparé nos valises. On a regardé nos baraques se faire toutes écraser par les bulldozers. Amadora avait 7 ans, elle pleurait beaucoup et moi aussi, c'est très triste de voir sa maison cassée comme ça. Je demandais à la police :

« Mais où on va aller avec les enfants ? Ils vont à l'école, comment on va faire ? »

Mais la police elle s'en foutait de nous ! Et on a, encore, dormi pendant un mois dans la voiture. Je lavais les enfants dedans, on mangeait dedans ou dehors quand il ne faisait pas froid. Et puis, on a pu s'installer sur le terrain du Patron, en face de la maison grise. Notre baraque était très petite, on ne pouvait pas vraiment dormir dedans, avec les enfants. Et, pour la première fois, on a essayé avec le 115. Je suis restée quatre jours dans le bureau de l'assistante sociale de 8 heures à 17 heures, sans bouger, pour faire 115 sur le téléphone et leur passer l'assistante quand ça répondait, parce que moi, je ne savais pas leur parler. Cette assistante était très méchante avec moi, je ne sais pas pourquoi. Par exemple, elle disait :

« Tiens, reprends tous tes papiers, tu dois aller à la CAF, maintenant ! »

Moi, je disais :

« Mais où ça, la CAF ?

– Tu n'as qu'à demander ton chemin ! »

J'ai demandé à tout le monde pendant une heure ou deux et une dame très vieille m'a dit :

« Ma chérie, regarde, c'est juste là, devant toi ! »

Une autre fois, cette assistante me demande :

« Pourquoi tu as besoin d'un hôtel ? »

Alors j'ai répondu :

« Quoi ? Moi pas pouvoir dormir dans la rue avec mes enfants. »

On a eu douze hôtels, c'était pour une semaine, trois jours, un soir. Dans le 92, le 95, le 93, le 91, à Drancy, Cergy-Pontoise, Sarcelles, Gennevilliers, Villejuif, Noisy-le-Grand, Livry-Gargan. Très loin de l'école d'Amadora et Craï-Abel qui était à Stains. À l'hôtel de Drancy, le premier, le patron de l'hôtel avait donné la chambre à d'autres, un monsieur et une dame, et quand je lui ai demandé pourquoi, il a dit :

« Je m'en fiche ! »

J'ai appelé l'assistante, elle m'a donné un rendez-vous dans quinze jours.

« C'est pas possible ! » je lui ai dit.

Et j'ai téléphoné au 115. Un monsieur a répondu :

« C'est pas ta faute, c'est celle du monsieur de la réception qui a vendu ta chambre ! Coupe pas ton portable, attends, je vais te reparler ! »

Il a tout arrangé et on a pu rester dans l'hôtel.

Il y avait encore beaucoup d'ennuis. Au Secours populaire à Stains, l'assistante sociale a pris sa tête dans ses mains et elle a dit :

« Mais ça va pas du tout, ton hôtel c'est à Drancy, mais tu as marqué le domicile à Stains, non, non, non, c'est pas possible ! »

Moi je disais :

« Mes enfants, c'est à l'école de Stains ! »

Mais ils voulaient rien du tout de nous, ils m'ont dit :

« Va voir dans d'autres Secours populaire ! »

Et quand j'allais aux autres adresses, là où on m'avait dit, les gens voulaient pas de moi :

« Pourquoi tu es venue ici ? C'est pas ici ton domicile ! »

Souvent, aussi, j'avais un message du 115 avec l'adresse de l'hôtel, on y allait après l'école des enfants. Je disais :

« Pardon skouze-moi sivouplé, c'est le 115 nous donner chambre ici… »

Mais le gérant n'était pas au courant :

« Ah non, j'ai pas reçu le fax du 115, il y a pas de place pour vous ! »

On parlait rien de français, mais j'essayais :

« Nous, c'est lou 115, nous c'est dormir ici. »

Mais le gérant répétait :

« Non, sans le fax, pas possible ! »

Et on retournait dormir dans la voiture où on avait très froid, parce que c'était l'hiver.

Avec mon mari, on amenait Amadora et Craï-Abel à l'école en camionnette. Ils arrivaient toujours à l'heure, mais ils dormaient tout le temps. Le directeur de l'école et les maîtresses ont demandé comment ça se faisait que mes enfants dorment tout le temps comme ça en classe. Et moi j'ai expliqué pourquoi au directeur. Il m'a regardée, il n'était pas content et il a dit :

« C'est pas possible des choses pareilles ! »

Il a appelé le 115, et l'assistante sociale de l'école, aussi, ils ont dit que mes enfants étaient trop fatigués et, après deux mois, on a eu l'hôtel dans le XIIe à Paris, là où on est depuis deux ans. Et moi je dis merci mon Dieu d'avoir eu ce bon hôtel !

CHAPITRE XI

Les matelas

Avant, quand on était sur le campement à Saint-Denis, mon père, il ramassait des matelas et ma mère les vendait aux Noirs qui venaient tout le temps chez nous exprès pour les acheter. On les mettait les uns sur les autres, à l'entrée du terrain. Il y en avait des sales, ceux-là, on les laissait dehors, mais les plus beaux, on les gardait, tout au fond, là où le Patron faisait pousser des salades et des choux. On les enfermait dans la vieille cabine téléphonique qui ne servait plus à personne, il n'y avait même plus de téléphone dedans et les vitres étaient un peu cassées, mais ça les protégeait quand même. On en avait vraiment beaucoup ! Les Noirs qui les voulaient parlaient français, et quand ils arrivaient, Maman m'appelait pour traduire et faire la vente. C'était 5 ou 10 euros les petits ou les vieux, et 20 euros pour les grands, les très bien. Les Noirs étaient très gentils, mais ils voulaient toujours payer moins cher, alors Maman disait non et elle me demandait de répéter ce qu'elle m'a appris :

« Non, non, ils valent 20 euros pièce, et nous on ne peut pas faire de prix moins cher. »

Alors les messieurs noirs disaient qu'ils en voulaient beaucoup, au moins dix, et que, là, on pouvait quand même baisser un peu. Maman disait qu'on pouvait faire moins 10 euros. Et eux, ils disaient que c'était pas assez. Il fallait parler longtemps pour se mettre d'accord. Finalement, ma mère disait que, s'ils acceptaient à moins 15 euros, c'était bon, et qu'ils pouvaient les prendre tout de suite. Alors ils riaient, ils me passaient la main sur la tête et ils disaient à ma mère :

« Ta fille, c'est une dure en affaire, bravo ! »

Après, ils payaient et ils emportaient leurs matelas. Je crois que c'était pour les envoyer loin dans leur pays où leur famille en a besoin.

Mon père ne fait plus les brocantes, parce qu'à l'hôtel, il n'y a rien pour garder les choses à vendre, et il n'a plus de travail, mais il voudrait beaucoup en trouver un. En tout cas, il regarde toujours dans toutes les poubelles et il rapporte tout ce qu'il trouve de bien. Des pulls, des pantalons, des jouets aussi. Les livres, là, qu'on a, c'est une dame qui les descendait à la poubelle, elle a demandé si mon père avait des enfants et elle lui a donné plein de manuels pour l'école. Mes parents disent que les Français sont vraiment très gentils, on dirait qu'ils font exprès de bien ranger les choses pour qu'on les trouve ! Et un monsieur qui a vu mon père fouiller, il s'est penché à sa fenêtre en criant :

« Eh ! Toi, monsieur, en bas, tu veux des choses ? Attends, j'en ai plein, je descends ! »

C'était des cartons pleins de chaussures presque neuves ! Et un jour, une dame a vu Maman qui fouillait la poubelle, près de Auchan, elle lui a dit :

« Tu veux une télé ? »

Et elle lui a donné la belle télé blanche Thomson, celle qu'on a à l'hôtel !

Les tableaux et la tête de biche qui sont accrochés au mur, chez nous, mon père les a trouvés pareil, dans des poubelles et, ce qui est bien, c'est qu'on peut en changer souvent. Le grand tapis rouge, dans notre chambre, on l'a trouvé en se promenant, avec Dominique, il était sur le dessus d'une benne. Maman l'a déplié, elle a vu qu'il n'y avait pas de trous et qu'il était propre, et elle l'a pris dans son caddie, elle sort toujours avec, parce qu'on ne sait jamais sur quoi on va tomber dans la rue. C'est drôle, quand même, que les gens jettent tellement de belles choses !

CHAPITRE XII

Sivouplé

Quand je vois les filles faire les sivouplé, ça me rend très, très triste, elles sont là pour l'argent, je l'ai fait aussi. Oui, à la gare de Pierrefitte, en 2010. On venait d'arriver en France, il fallait acheter une voiture pour mon mari, Craï, pour la brocante, on n'avait rien du tout.

Oui, c'est très dur et très honteux, on est jeunes, capables de travailler et on fait la manche. On ramasse combien ? C'est pas tous les jours la même chose, 15, 20 ou 30 euros par jour. Je savais pas parler le français, seulement dire :

« Sivouplé, sivouplé, y a lézenfants, y a pas dou manger, y a pas dou lait. »

J'étais là, assise par terre, dans la gare, à tendre la main, avec Amadora qui avait 4 ans et Craï-Abel, qui avait 2 ans et prenait encore le sein. Et mon mari est arrivé, il sortait du train, il nous a vus et Craï-Abel a crié : « Papa ! » Mon mari savait très bien que je faisais la sivouplé, pour la voiture, et je sais pas pourquoi j'ai eu si honte, mais j'ai pris les enfants, je me suis relevée et je ne suis jamais retournée faire la sivouplé.

Après ça, j'allais partout pour manger. Rien, on n'avait rien. Craï et moi, tous les deux, on cherchait le manger dans les poubelles. On a connu beaucoup de poubelles de Leader Price, de Franprix, de Carrefour.

À Gennevilliers, il y avait beaucoup de racisme, ils voyaient qu'on attendait, il y avait de tout, de la viande, des yaourts, tellement de choses ! Enfin ils sortaient les poubelles et on s'approchait tous, on mettait les mains dedans et on reculait vite. Ça sentait la Javel, ils arrosaient tout avec ! C'était pas possible de manger rien du tout. Et on était beaucoup à attendre, pas que des Roms ou des Roumains.

À Sarcelles, au Leader Price, les gens étaient très gentils, ils mettaient tout le manger dans des cartons séparés, là les pommes de terre, là la viande, là le pain…

Dans les autres poubelles, on trouvait des choses à vendre, et avec l'argent du sivouplé, on a acheté une grosse voiture, un peu vieille à un monsieur qui l'a vendue pas cher du tout.

« Tu as des enfants ? il a demandé à Craï. Oui ? Et tu vis où ? Dans un campement ? Allons, fais voir combien tu as ? »

Craï lui a montré notre argent, il y avait beaucoup de pièces du sivouplé et pas beaucoup de billets, mais le monsieur il a ri et il a dit :

« Allez, d'accord, elle est à toi ! »

Avec cette voiture, on allait à la brocante de Clignancourt, avec les enfants. Il faut arriver à 2 heures le matin, pour avoir une bonne place, mais, très souvent, la police arrivait. Ils récupéraient tout et ils nous chassaient. Avec un ami qui avait une camionnette, Craï ramassait aussi de la ferraille et ils la vendaient. Pour 1 000 kilos, on a 100 euros, c'est 10 centimes le kilo. C'était payé en chèques, on n'avait pas de compte, alors on devait donner 20 ou 30 euros à quelqu'un qui encaisse le chèque et qui rend ce qui reste. Après, ça nous faisait plus que 70 euros les 1 000 kilos et, pour les avoir, c'est plus de trois jours de travail.

Comme on n'avait rien, une dame, une Roumaine, est venue nous voir, elle nous disait à nous et à d'autres :

« Donne-moi 500 euros par personne de ta famille, je te fais des papiers et tu auras tout, la CAF pour les allocations, la Vitale pour le docteur. »

Elle demandait nos papiers pour faire les copies avec les photos, je ne sais pas pourquoi. Beaucoup de monde fait comme ça et pas seulement nous, les Roms. Mais je lui ai dit :

« Ah non, c'est mes papiers de Roumanie, je les garde, moi je fais pas comme ça ! Et je te dis, je dors dans la rue, je mange avec les poubelles, d'où je sors les 2 000 euros ? Je suis pas présidente de la Roumanie, moi ! »

Après on a encore revu cette dame roumaine, quelques fois, mais je crois qu'elle est en prison, maintenant, à cause de ces faux papiers qu'elle fabriquait.

Je me suis inscrite à une association pour manger. À Sarcelles et à porte de la Villette, ils étaient très gentils, mais à Saint-Denis, très méchants. Ils m'ont demandé plein de papiers, mon travail, l'école des enfants et, ensuite, la femme, une vieille, a crié :

« Allez dégage, va inscrire tes enfants à l'école, trouve du travail et reviens ! »

J'avais rien compris, mais j'étais avec une amie qui parle français et qui m'a traduit.

Le lundi, mercredi, vendredi, avec mon mari, on attendait devant le Franprix, la sortie des poubelles, et le soir la famille mangeait ce qu'on avait pris dedans. Un jour, on a vu des petits boutons rouges partout sur nos enfants. On était très inquiets. Et si c'était les poubelles ? On en a parlé et on s'est dit que plus jamais on ne mangerait comme ça, qu'il fallait vite travailler, trouver plus de brocantes et acheter du vrai manger.

Au début 2015, l'assistante de la Croix-Rouge, qui ne m'aimait pas du tout, m'a dit au revoir, elle était remplacée.

J'étais très contente ! Avant de partir, elle m'a donné quatre tickets-restaurant à 10 euros. Je suis allée partout, je disais :

« Bonjour scouze-moi pardon sivouplé, ça tickets-restaurant donnés assistante Croix-Rouge… »

Oui je parlais encore très mal le français. À Franprix, ils m'ont dit non, à Leader Price aussi, et à Monoprix et partout ils me disaient non, pas ces tickets, ils marchent pas, c'est des faux. Je comprenais pas, je demandais :

« Pourquoi ? C'est tickets Croix-Rouge ! C'est très bon, ça ! Pas possible marche pas. »

J'ai téléphoné à l'assistante :

« C'est pas bon, les tickets ! »

Mais elle a dit :

« Si, si, c'est très bon ! »

Après huit jours comme ça, j'ai demandé à une femme qui a traduit, les tickets, ils étaient trop vieux, de l'année dernière. Mais à Carrefour de Stains, je les ai montrés à l'accueil et ça a marché.

Maintenant, je travaille et ça va beaucoup mieux. Oui, un vrai travail et voilà comment c'est arrivé. Je suis allée à Pôle Emploi, avec une Française pour m'aider. La dame qu'on a vue n'était pas du tout aimable elle disait :

« Un travail ? Mais dans quoi ? »

Moi j'ai dit :

« Dans tout, je peux tout faire, surtout le ménage, nettoyer, ou coudre, ou tricoter, je suis très forte pour ça ! »

Mais la femme, elle ne voulait rien entendre de moi :

« Madame, elle a dit, vous êtes en France depuis 2010 ! Alors expliquez pourquoi vous ne venez vous inscrire que maintenant ! »

J'ai dit que j'élève mes quatre enfants.

« On vous écrira ! » elle a répondu.

Je savais un peu que ça se passerait comme ça. Souvent, c'est très raciste, avec nous, les Roms, les gens croient qu'on est tous des voleurs.

Mais je continuais à chercher, je disais tout le temps, partout :

« Tout ce que je veux, c'est un travail ! »

Et une bonne amie m'a amenée voir une sœur au Secours catholique. C'est elle qui a écrit mon CV et qui m'a dit de retourner à Pôle Emploi, et que je devais persévérer, qu'un jour, à force, ça marcherait. Mais à Pôle Emploi, c'était toujours la même femme qui ne voulait même pas lire mon CV et même pas le prendre.

« Inutile ! » elle me disait chaque fois.

Un jour, elle n'était plus là et j'ai vu une autre dame, elle m'a dit :

« Bon, c'est pas sûr qu'on te trouve quelque chose, mais on va bien voir… »

Et elle a pris mon CV, que l'autre ne voulait pas.

Une semaine plus tard, la dame de Pôle Emploi, la gentille, m'a téléphoné. Et ça y est ! Des heures de ménage, d'entretien des espaces verts pour la régie de quartier à Stains ! J'ai dansé comme une folle, j'étais si contente ! Et Amadora, elle criait et elle sautait :

« Ma maman a un travail ! Ma maman travaille ! »

Elle l'a dit à ses maîtresses et à tous ses amis de l'école.

Je me lève à 4 heures pour aller au travail, où toutes les autres filles sont très gentilles et les chefs aussi ! Oh merci, merci, la dame de Pôle Emploi ! Et voilà ma feuille de paye de la semaine ! Je la montre à tout le monde ! Et c'est très bien payé, je gagne presque 1 000 euros chaque mois. Et je suis un peu fière parce que je parle français mieux, maintenant qu'à la régie de quartier je parle avec des collègues, en plus des cours le soir.

Avec le travail, je commence à toucher les allocations et l'autre jour l'assistante de la Croix-Rouge, la nouvelle, qui est très gentille, très jeune, celle qui ressemble à une enfant, elle m'a dit :

« Viens, on va au Secours populaire pour prendre à manger, c'est gratuit ! »

J'ai dit non tout de suite, j'ai plus besoin !

Aujourd'hui, j'achète dans les magasins et je regarde toujours bien les dates de périmé, parce que je crois que c'est ça, les vieux mangers, qui donnaient des boutons à mes enfants.

CHAPITRE XIII

Au travail

Oh là là, que j'ai mal au dos ! C'est très dur mon travail. Avant l'incendie de notre caravane, j'étais à la régie du quartier, à Stains, je faisais les jardins, je nettoyais à l'hôpital. Maintenant, je suis à la régie, près de l'hôtel. Tous les jours, je me lève à 6 heures, il faut que je sois à 7 heures à la cité de Michel-Bizot où je nettoie jusqu'à 15 heures. Le hall d'entrée, les vitres, les escaliers, le parking, le local vélo. C'est très très sale, là-bas, toujours je trouve du caca de chien par terre, des ordures, jetées comme ça, dans l'escalier, du pipi d'homme partout ! Oui, c'est très dégoûtant ! Je comprends vraiment pas comment des gens sont si sales et j'ai envie de pleurer en voyant tous les matins qu'il faut tout recommencer, comme si je n'étais pas venue hier. Souvent, l'ascenseur il est en panne et je monte les étages, il y en a huit, avec mon seau d'eau et mes produits. Le nouveau chef me donne treize ou quatorze bâtiments à faire, mais normalement c'est neuf par jour, six le matin et trois l'après-midi. Alors j'ai dit au chef :

« Pourquoi moi, c'est dix le matin et trois ou quatre l'après-midi ?

– C'est comme ça, c'est les nouvelles règles », a dit le chef.

Alors moi j'ai dit :

« C'est pas normal, je fais le travail des autres, même les hommes font que neuf bâtiments par jour ! »

Et j'ai compris quand j'ai vu le chef, l'Arabe, qui fume, parle avec les gens et boit du café et ne travaille pas beaucoup. Le chef, l'autre, le Noir, il est très gentil et il a dit :

« C'est pas normal ! Tu as trop de travail, t'en fais pas, on va voir le planning ensemble. »

Et, maintenant, j'ai un autre problème, c'est Craï qui part en Roumanie voir son père qui est très malade. C'est le cœur. Et mon mari doit lui apporter de l'argent pour payer le docteur qui va faire l'opération. En Roumanie, c'est comme ça, il faut toujours payer les docteurs en plus. Ils demandent de l'argent, au moins 300 euros, et quand tu n'en as pas, ils veulent des poules ou des lapins ou à manger. Je sais qu'ici, en France, ce n'est pas du tout comme ça, mais chez nous oui et, sans ça, ils ne soignent pas les gens.

Sans mon mari, comment je vais faire avec Coco ? Qui va la garder le matin quand Amadora est à l'école et moi au travail ? J'ai demandé au patron de l'hôtel si la Dame vieille du campement, oui Baba, elle peut venir ici, mais je suis pas sûre qu'il veut bien.

Et puis Craï, je suis aussi très contente qu'il va en Roumanie, parce que, lui, ça va pas du tout. Avant quand on avait la camionnette, il était toujours parti, toujours à chercher dans les poubelles, toujours à travailler. Mais c'est fini. On ne peut rien garder pour revendre, ici, à l'hôtel. À la brocante de Michel-Bizot, on avait acheté, à un Chinois, une très grande horloge en bois, de deux mètres en long, au moins, pour 50 euros, très belle et très vieille, avec des décors peints en or. Avec mon mari, on l'a portée, ici. Lui devant, moi derrière. C'était très lourd et on marchait difficilement dans la rue. J'ai vu un taxi et je lui ai crié :

« Monsieur, sivouplé, je paye, moi, pour vous mettre horloge dans le taxi ! »

Mais il n'a pas voulu et on a continué de marcher, c'est deux kilomètres, je crois, pas loin, mais vraiment dur. On est arrivés, on voulait la laisser en bas, dans l'entrée de l'hôtel, mais le monsieur de l'hôtel, il a dit :

« Non, non et non, pas le droit de laisser ça à l'hôtel ! »

Je lui ai montré le papier, le certificat où il y avait le prix, 50 euros. Mais il a encore dit que non, c'est interdit de laisser des choses en bas et c'est interdit aussi de monter l'horloge dans la chambre. Alors, avec mon mari, on ne savait pas quoi faire, on était tristes, et on a mis l'horloge sur le trottoir, en face de l'hôtel. On est venus souvent la regarder, on pensait :

« Qui sait ce qui va lui arriver… »

Et le matin, elle n'était plus là, elle avait été emportée.

L'autre soir encore, on a trouvé sur le trottoir, une armoire très bonne, un lit et un fauteuil… Mais on a tout laissé dans la rue, puisqu'ici c'est l'hôtel, pas notre maison.

Alors, maintenant, mon mari reste ici, il garde Coco, le matin, et l'après-midi il va chercher les enfants à l'école. Il devient fou. C'est très difficile pour lui, parce que moi je travaille et, lui, il ne fait rien. Il fait du sport tout le temps, il dit que ça vide sa tête. J'ai parlé à la grande chef de la régie du quartier, je lui ai demandé un travail pour Craï. Je lui ai dit que, moi, je peux trouver des ménages chez des gens. Après un mois, quand j'avais déposé mon CV, j'avais eu le travail à la régie de Stains en septembre 2015. Mais la chef a dit :

« Non, c'est impossible que ton mari travaille dans la régie de quartier, avec toi, c'est interdit pour un couple de travailler ensemble. »

Je ne sais pas si c'est vrai, je vois tout le temps des nouveaux arriver pour travailler, des Arabes, des Noirs ou des

Français, et je me dis que, peut-être, c'est parce qu'on est roms et qu'ils ne veulent pas de nous. Pourtant, à la régie de quartier Michel-Bizot, ma chef et d'autres, ils sont très, très gentils avec moi.

Craï, ça fait plus d'un an qu'il a donné son CV à Pôle Emploi. Et il a déposé ses CV partout dans notre quartier, dans toutes les associations et à la mairie. À une association, le lundi, la dame a dit :

« Non, pas la peine, désolée, c'est fini, on n'a pas de places. »

Elle était très énervée.

Moi, j'ai dit :

« Pas grave, madame ! »

Et mardi, on y retourne, là une autre dame très gentille :

« Mais oui, monsieur, laissez votre CV, bien sûr ! »

Elle était à côté de l'autre, celle de lundi, elle a tout vu, tout entendu, et elle a rien dit ! Nous avec mon mari, on a bien ri en sortant. Mais il n'a toujours rien. Maintenant, il a vu avec Pôle Emploi, pour être agent de sécurité, il l'a déjà fait en Roumanie. Il faut d'abord qu'il parle français, et qu'il passe un examen. Alors, à la maison, on parle français avec lui. Enfin, on essaye… Maintenant, je pense que trouver du travail est beaucoup plus facile pour une femme que pour un homme.

CHAPITRE XIV

Le cirque Romanès

J'avais souvent parlé à Amadora et à ses parents du fameux cirque tzigane de Delia et Alexandre Romanès et, à force, j'ai dit allez hop, on y va demain soir ! Le cirque, après beaucoup de problèmes, avait fini par planter son chapiteau, porte Maillot à Paris. Pile entre le périphérique, le boulevard et un terre-plein tout mité. Nous nous étions fixé rendez-vous, dans le métro sur le quai de la ligne 1, direction La Défense, station Franklin-Roosevelt. J'avais montré le trajet à Romina et confié à Amadora un papier résumant le tout. Nous étions convenus d'arriver en avance pour saluer Alexandre et Delia, dite « la Terrible », avant que le spectacle commence. Mais à l'heure dite, 19 heures, j'attendais sur le quai et personne ne venait. Pas la queue de la moindre chevelure noire ! Je m'impatientais, je maugréais. Quand enfin à 19 h 30, ils ont déboulé, en nage et hors d'haleine

« Pardon skouze-moi sivouplé, s'est excusée Romina, on n'avait pas de tickets, et un monsieur du métro nous a demandé de les montrer. Avec ses collègues, ils demandaient ça à tout le monde. Moi, j'ai dit : "Nous pas ticket, nous pas rien du tout !" J'avais peur de l'amende. Mais il nous a regardés avec les enfants et il a dit : "Bon, ça va, passez." Il était vraiment très gentil ! »

Aussitôt, j'ai remballé ma mauvaise humeur, nous sommes vite montés dans le métro et Craï-Abel a foncé sur les sièges libres, en piaillant, tout content :

« Il paraît que, dans le métro, les places assises c'est pour les pauvres ! Est-ce que c'est vrai ? Est-ce que j'ai cette place parce qu'on est pauvres ? »

Tout le wagon a souri, ou ri, devant cette question aussi comique qu'existentielle. Et un monsieur, tenant en laisse un vieux chien, a dévisagé, gentiment, les deux frères, leurs traits fins et leurs cheveux longs tenus par leurs éternelles barrettes en brillants rose et bleu :

« Bonjour les filles ! Dites donc, elles sont jolies vos fillettes ! »

Oh là, quelle offense !

« On est des garçons ! ont protesté les garçons.

– Comment ça ? C'est vrai ça ? Vous êtes des petits gars ? Alors ça ! »

Le vieux n'en revenait pas, il riait, les regardait et riait encore, mais, pour Craï-Abel, c'était le coup de grâce :

« Voilà, c'est toujours comme ça ! J'en ai marre, à l'école aussi, les autres me demandent : "Mais t'es une fille ou un garçon ?" Et moi ça m'énerve ! C'est à cause de mes cheveux, je veux qu'on me les coupe ! »

Sa mère a soupiré et Amadora a résumé la ligne parentale :

« Maman dit que c'est Papa qui ne veut pas, il trouve ça beau et puis ça lui fait plaisir parce que, lui, il est chauve ! Elle dit aussi que beaucoup de garçons, même des célèbres, ont les cheveux longs comme Sarko et Craï-Abel ! »

Mais Craï-Abel secouait sa jolie chevelure, l'air vraiment désespéré. Son père lui a posé la main sur l'épaule, lui aussi riait, à s'étrangler :

« C'est parce que moi, j'en ai pas, alors, je laisse pousser les vôtres... »

Craï-Abel ne s'est déridé qu'à l'approche des roulottes et des jeux pour enfants du petit square d'à côté.

À peine passée l'entrée du cirque, Delia nous a fondu dessus.

« Regardez qui elle m'amène là ! s'est-elle exclamée. En voilà des beaux petits Tziganes ! Et d'où vous venez ? Hein ? Quoi ? De Cluj-Napoca ! Alexandre, Alexandre ! Viens voir qui est là ! Ils viennent de chez moi, de Cluj-Napoca ! Oh comme ils sont jolis ! Venez les enfants, vous allez passer une belle soirée ! »

Elle ne cessait de parler avec sa fougue et sa verve coutumières, tantôt en français, tantôt en romani, présentant tout son petit monde. Là, c'est le minuscule clébard qui fait un numéro avec Alexandre, en jouant le chien crétin. Ici, c'est sa roulotte, siglée « Delia la Terrible ». Tiens voilà ses filles, Rose-Reine et Alexandra :

« Dites bonjour les filles, ce sont des petits de chez nous ! »

Et elle a refusé mordicus tout achat de billet :

« Ça, jamais ! Des Gitans et de chez moi, en plus, ne vont pas payer ! Ça, sûrement pas ! »

Entre l'excitation, les bonds des gamins et la petite foule, Sarko a disparu. Sa mère, sa sœur et moi le cherchions partout. En vain. L'affolement commençait à poindre, quand Craï-Abel, triomphant, a surgi d'une tente :

« C'est Papa ! Il a emmené Sarko faire pipi !

– Comment ça Sarko ? Qui est Sarko ? » a rugi Delia, qui, comme son époux, pense le plus grand mal de l'ancien président. Amadora a montré le petit :

« C'est lui ! C'est mon petit frère ! »

Delia a éclaté de son rire strident en apprenant l'histoire du surnom de Samuel.

Le spectacle *La lune tzigane brille plus que le soleil !* a enchanté Amadora et ses frères, pâmés devant la beauté de Rose-Reine avec ses cercles de feu, de l'adresse d'Alexandra au trapèze et aux rubans qu'elle entortille, grimpant jusqu'au sommet du chapiteau et glissant jusqu'en bas. Ils criaient, ils applaudissaient :

« C'est les filles de Delia et Alexandre ! On leur a dit bonjour, on les connaît ! Comme elles sont belles et fortes ! Bravo ! Bravo !

– Elles sont si minces… » a rêveusement ajouté Amadora.

Le lendemain, *Le Parisien* titrait :

« Grande opération de contrôle dans le métro. Hier, aucune chance n'a été laissée aux fraudeurs. »

« Alors, on a eu beaucoup, beaucoup de la chance ! » a conclu Romina.

Un an plus tard, nous sommes retournés au cirque Romanès y passer l'après-midi. Je voulais montrer à Alexandre les prouesses acrobatiques des deux frères, Sarko et Craï-Abel, qui savent grimper aux murs, se suspendre aux montants des lits superposés, qui font la roue et d'innombrables galipettes. Alexandre n'était pas trop bien luné, il avait en tête les répétitions de ses futurs numéros, et autre chose à faire que de regarder des gosses, fussent-ils mignons.

Abandonnant la limonade que nous buvotions ensemble, Delia lui a lancé un des regards étincelants dont elle a le secret et Alexandre a dû distribuer cerceaux et balles de jonglage. Aucun d'entre eux n'a su, vraiment, monter à la corde, Amadora avait beau se trémousser, le cerceau retombait toujours, mais les garçons se sont montrés assez habiles au jonglage.

« Ils seront jongleurs », en a déduit Alexandre, soupirant d'ennui.

Et il a ordonné aux « petits Gitans » du cirque de nous montrer ce qu'étaient de vrais artistes. Ils ont voleté d'une corde à un trapèze, nous laissant bouche bée. Nous nous regardions en pensant qu'il faudrait des heures et des heures de boulot avant que Sarko et Craï-Abel puissent approcher le succès !

CHAPITRE XV

Tzigane, mon amour…

« Avec les Roms, on se permet tout, on peut tout dire… » expose calmement Soraya Prost, députée suédoise, elle-même tzigane, dans le beau film[1] de Samuel Lajus *Les Roms, des citoyens comme les autres ?*

Comment ne pas lui donner raison ? C'en est presque comique, à l'époque du politiquement correct, où pas un mot ne doit dépasser d'un autre ; où un concierge est devenu « préposé à la loge », une femme de ménage s'est muée en « technicienne de surface », un nain, en « personne de petite taille ». Apparemment, les Roms n'ont pas droit aux mêmes pudeurs subtiles. Aucun autre peuple, en Europe, ne subit un tel torrent d'insultes. Et l'exemple vient d'en haut. De responsables politiques, d'élus, de la gauche à la droite, qui cognent sur cette supposée « nation errante », « impossible à intégrer ».

Parmi ces salves – difficiles à toutes recenser tant il y en a –, celles de Nicolas Sarkozy, président de la République, qui, en 2010, organise à l'Élysée une réunion sur « les comportements de certains parmi les gens du voyage et les Roms ». Un thème confus, où tout se mélange, Roms étrangers et Manouches français. La réunion fut vite suivie

1. Film diffusé à l'été 2017, sur Arte, en seconde partie de soirée, après un docu consacré à la souffrance des bélugas, c'est tout dire…

d'une circulaire ordonnant l'évacuation de « trois cents campements ou implantations illicites [...] d'ici trois mois » et « en priorité ceux des Roms ».

En août 2011, c'est le maire de Marseille, Jean-Claude Gaudin, qui s'y met :

« Ces gens-là, il y en a trop dans cette ville, nous souhaitons qu'ils aillent ailleurs. »

À la fin de la même année, Arno Klarsfeld, alors président de l'Office français de l'immigration et de l'intégration, balance ces propos stupéfiants :

« Les familles roms devraient s'abstenir d'avoir huit enfants. Pour que les enfants puissent s'intégrer, il faut que les parents puissent s'en occuper [...]. Ils doivent savoir que leurs enfants vont être pris par les mafias, mis sur le trottoir. C'est inconscient ! »

Le fils de Serge Klarsfeld semblait, quand même, compatir :

« Plus généralement, les Roms sont de longue date les Misérables avec un grand "M", chassés, pourchassés. »

Mais, c'était pour clore sur cette impérissable considération :

« Ils sont aussi victimes d'eux-mêmes, responsables de ne pas avoir su susciter une véritable élite qui ne soit pas cette ploutocratie qui vit de trafics et n'a pas intérêt à sortir son peuple de l'horreur. »

En septembre 2013, Régis Cauche, le maire UMP de Croix (Nord), « excédé » par les vols commis dans sa ville, déclare tranquillement à *La Voix du Nord* :

« Si un Croisien commet l'irréparable, je le soutiendrai », et il persiste : « Les Roms n'ont rien à faire à Croix. Oui, s'il y a un dérapage, j'apporterai mon soutien. La population en a assez. »

« Les Roms, c'est un cauchemar ! C'est presque dommage qu'on ait appelé trop tôt les secours ! » s'exclame, deux mois plus tard, Luc Jousse, maire (divers droite) de Roquebrune-sur-Argens, après l'incendie d'un campement.

Au même moment, Nathalie Kosciusko-Morizet, candidate UMP à la mairie de Paris, déclame :

« J'ai l'impression que les Roms harcèlent beaucoup les Parisiens […]. Il y a des bandes de Roms qui cherchent à "dépouiller" la population. »

Deux jours après, c'est le tour d'Anne Hidalgo, la candidate socialiste :

« Paris ne peut pas être un campement géant et je soutiens la politique de Manuel Valls, qui consiste à démanteler ces camps. »

Manuel Valls, Premier ministre, qui martèle :

« Les Roms n'ont pas vocation à s'intégrer. »

Cette même année 2013, visitant un camp de gens du voyage, Gilles Bourdouleix[1], député-maire de Cholet, donne sa jolie vision des choses :

« Comme quoi Hitler n'en a peut-être pas tué assez… »

Au point que la France a même été, plusieurs fois, la cible des très vives critiques de Viviane Reding, chargée de la justice et des droits fondamentaux au sein de l'exécutif européen. En septembre 2010, ulcérée par la circulaire française sur les expulsions visant explicitement les Roms, elle s'insurge :

« J'ai été personnellement interpellée par des circonstances qui donnent l'impression que des personnes sont renvoyées

1. Jean-Claude Gaudin, *La Croix*, 10 août 2011 ; Arno Klarsfeld, *La Voix du Nord*, 27 octobre 2011 ; Régis Cauche, *La Voix du Nord*, 17 septembre 2013 ; Luc Jousse (suspendu depuis de l'UMP et condamné à 10 000 euros d'amende), *Mediapart*, 4 décembre 2013 ; Nathalie Kosciusko-Morizet, i-Télé, 18 septembre 2013 ; Anne Hidalgo, BFMTV, 23 septembre 2013 ; Manuel Valls, France Inter, 24 septembre 2013 ; Gilles Bourdouleix, *Le Courrier de l'Ouest*, 22 juillet 2013.

d'un État membre [de l'UE] juste parce qu'elles appartiennent à une certaine minorité ethnique. Je pensais que l'Europe ne serait plus le témoin de ce genre de situation après la Seconde Guerre mondiale. »

Elle s'était alors vue sèchement remise en place par Nicolas Sarkozy, le président français.

En septembre 2013, alors qu'en France s'approchent les élections municipales et que se multiplient les expulsions de campements, le ministre de l'Intérieur, Manuel Valls, tempête :

« Ces populations ont des modes de vie extrêmement différents des nôtres », « Nous n'avons pas à les accueillir », « Seule une minorité de Roms veut s'intégrer en France », « Les autres ont vocation à rentrer en Roumanie ».

Viviane Reding, elle encore, tombe à bras raccourcis sur le gouvernement français :

« Si je ne me trompe, il y a de l'élection dans l'air en France. Chaque fois qu'on ne veut pas parler de choses importantes comme le budget ou les dettes, on trouve les Roms. »

Que n'avait-elle dit ! À droite, à gauche, c'est l'hallali contre cette « donneuse de leçons », dixit Claude Bartolone qui en a « ras le bol » (*sic*).

Cet antitziganisme – le mot consacré – prit pour moi une tournure aiguë lorsque j'ai annoncé mon intention d'écrire un livre sur une famille rom, dont l'héroïne serait Amadora. Ah ! les bonnes grosses blagues ! Ici, c'est un ami organisant une fête d'anniversaire luxueuse pour ses enfants avec ce message, envoyé aux copains :

« Venez, les Gitanos, les Gypsies, les Latinos, venez déguisés de vos vêtements multicolores… »

« Ah, c'est chouette, lui ai-je répondu, et ça tombe bien, je viens avec les petits Gitans. » Réponse : « Hé, c'est une fête, pas un déménagement ! »

Et comme je lui faisais remarquer qu'il m'avait répondu de la même façon l'année précédente, cet ami, pourtant très cher, a éclaté de rire :

« Oh hé, on fait pas vide-greniers, ou alors qu'ils laissent leurs chicots en or au vestiaire, ça servira de garantie. »

Une autre fois, ou plutôt plein d'autres fois, alors que je demandais autour de moi si quelqu'un avait besoin d'une femme de ménage (Romina) ou d'un type costaud (Craï), pour des travaux, déménagement ou débarras de caves, je me suis attiré ce genre de réponses :

« C'est tes Roms ? C'est le ménage par le vide ? Tu crois qu'ils nous laisseront quelque chose ? »

Là, encore, un fils sermonnait sa mère dont Craï devait déménager des meubles :

« Je t'interdis de les faire entrer à la maison, ceux-là sont peut-être très gentils et honnêtes, mais ils vont signaler ton appartement à des copains qui, eux, vont venir tout vider ! »

Des avocats aussi, qui, très sérieusement, m'ont expliqué :

« Les Roms n'ont même pas l'idée de la propriété privée... »

Il y a peu, alors que je cherchais pour Craï et Romina un emploi qui leur permettrait, un jour, d'obtenir un vrai logement, je me suis entendu répliquer :

« Je leur aurais bien donné du travail, mais il faudra que je les envoie faire du nettoyage chez des clients et, eux, ils ne veulent pas de Roms, ni chez eux ni sur leurs sites... »

Et, ultime mise en garde :

« T'écris un livre sur les Gitans ? Eh ben fais gaffe, parce qu'avec eux... Ils peuvent être très mauvais surtout avec nous, les Gadjé, tu sais comme ils nous méprisent ! »

philosophait un copain, assurant tirer sa science de son « expérience du sud-est de la France où “il y en a beaucoup” ».

Bien plus que moi, l'historienne Henriette Asséo, spécialiste de l'histoire tzigane, a été confrontée à ce genre de réactions. Nous nous sommes rencontrées en janvier 2017. Une chance, tant elle est distrayante et cultivée. Nous avons communié dans le même écœurement et elle m'a dit son admiration devant la résilience et la vaillance des Tziganes, malgré les pelletées d'ordures et d'imprécations qui se déversent sur eux.

L'un de ses livres, *Les Tziganes, une destinée européenne*[1], s'ouvre sur ces phrases, résumant la question :

« L'histoire des Tziganes est celle d'un peuple qui présente une solide construction culturelle sans être soudés par les caractères habituels d'une nation : langue, religion ou territoire. Un peuple qui fut à la fois pourchassé et toléré comme une sorte de calamité naturelle récurrente et familière. »

En tout cas, et aussi étonnant que cela puisse paraître, pendant tout le Moyen Âge, les arrivées successives de ceux qui se nomment Cingani sont chaleureusement accueillies en Occident. Car ils sont réfugiés, chrétiens et chassés des États balkaniques conquis par les Ottomans. On parle même, à l'époque de « ces merveilles venues d'Égypte », ainsi qu'ils se présentaient, venant d'un coin de Grèce, appelé « la petite Égypte ». Les ennuis commencèrent lorsque l'on s'avisa que, restés fidèles à l'Église de Constantinople, ils n'étaient pas de si bons sujets du pape. Du coup, l'exercice de la divination – que l'on appelait le « métier de Bohémienne » –

1. « Découvertes Gallimard », rééd. 2010.

devint suspect à une Église romaine de plus en plus fermée à tout ce qui lui était étranger. Aux « autres ».

Henriette m'en a appris des choses sur la famille d'Amadora ! Originaires de Transylvanie, ses ancêtres n'avaient jamais été réduits en esclavage, comme cela avait été le cas dans les provinces de Valachie ou de Moldavie (qui formeront le royaume de Roumanie), où les princes avaient imposé le servage aux paysans et l'esclavage aux Roms. Mais pas aux Lingurar, qui, eux, appartenaient à la « nation libre » des Tziganes transylvains.

Leur nom, « cuillère », ne signifie pas obligatoirement qu'autrefois ils aient fabriqué des cuillères en bois. Cela pouvait être leur métier (et ça l'avait été pour les aïeux de Craï), mais cela ne rendait pas la chose certaine. Ainsi les Ursari, contrairement à ce qu'indique leur nom, n'ont pas tous été montreurs d'ours, les Kalderash pas forcément des forgerons, les Lovara pas uniquement des marchands de chevaux. Ces classifications par métier avaient été élaborées par les princes de Moldavie et de Valachie, afin de rendre plus faciles la répartition des tâches et corvées au temps de l'esclavage.

Et, encore maintenant, ces désignations soudent autour des familles et de leur entourage tout un univers ; un « monde dans le monde » à la fois proche et déroutant.

Mais pas si bizarre à y réfléchir. Fondée sur le choix d'un conjoint garantissant la stabilité du couple, la légitimation des enfants, la structure familiale repose beaucoup sur les grands-parents et, en particulier, sur la belle-mère de la jeune épousée.

Plus surprenant est le choix d'un âge très tendre pour former une grande et belle famille. Ce mariage précoce – il avait eu cours, en Europe, dans la noblesse et non, comme on pourrait l'imaginer, dans la paysannerie – offrait bien des avantages. Surtout à une époque où l'on mourait très jeune. Ceux qui se marient très tôt ont des enfants très tôt, qui, à leur tour, en ont très tôt. Tous les petits sont confiés à la garde de la grand-mère – la mère du père de famille – elle-même encore jeune et solide. Mature, sans être vieille, elle a un rôle central pour charpenter la famille et faciliter la transmission. Aujourd'hui cette figure perdure, réincarnée, sur les campements, sous la forme de cette « grand-mère », qui, souvent sans lien de parenté avec quiconque, veille sur tous les gamins.

Au XIXe siècle, l'esclavage des Tziganes de Valachie et de Moldavie est aboli, et les Roms s'intègrent au monde rural roumain. Pourtant, ils ont beau être très nombreux et former (comme aujourd'hui) 8 % de la population roumaine, cette libération n'entraîne nullement leur émancipation sociale. Les anciens esclaves n'ont pas accès à la terre et restent une main-d'œuvre rurale attachée aux grands domaines. Ils se fixent dans les nombreux villages d'un pays dont la production est restée jusqu'à la fin des années 1950 à 80 % agricole. Entre les deux guerres, la Grande Roumanie se trouve augmentée de la Transylvanie appartenant à la Hongrie, d'où viennent les Lingurar, là où les Roms n'ont jamais subi l'esclavage. Au contraire. Reconnus par le prince, comme constitutifs de son royaume, ils sont les protégés des Habsbourg.

Au début du XXe siècle, l'archiduc Joseph, prince palatin, qui les adore, lance leur recensement. Il écrit une grammaire tzigane, promeut ou finance leurs orchestres dont la musique fait vibrer chacun. Jusqu'aux plus grands, dont Hector Berlioz et Béla Bartók qui s'en inspireront.

Combien d'œuvres littéraires ou musicales, de la *Carmen* de Bizet à l'Esmeralda de Victor Hugo, ont-elles érigé les

Bohémiens en héros ? Magnifiques, fantasques, farouches, tragiques, séducteurs, toujours étranges, toujours mystérieux. Trop sans doute, et trop éloignés de la norme pour qu'ils ne soient pas, en Europe de l'Ouest, observés avec une grande circonspection. Ces personnages si libres, aux barbes broussailleuses, aux femmes vêtues de tenues extravagantes, flanquées d'une abondante progéniture, installent leurs tentes dans toute l'Europe et jusqu'aux États-Unis, au Canada, en Amérique latine, et même en Chine. Venus de Pologne, les forgerons roms sont entrés aux États-Unis sans rencontrer de difficultés avec les services d'immigration et ils ont aujourd'hui, entre autres clients, la prestigieuse université de Princeton !

Est-ce la stupéfaction devant cet exotisme, est-ce la volonté de mieux contrôler les métiers itinérants, toujours est-il qu'en Europe, et quel que soit leur régime politique, tous les États en viennent à imposer, à « leurs » Tziganes, un régime d'exception. Chaque administration a ses fichiers nominatifs, avec photographies de toutes les familles, enfants compris, dès leurs 2 ans. Cette surveillance obsessionnelle culmine à Munich, où les policiers répertorient, minutieusement, la généalogie complète de tous les Sinti d'Allemagne. Ces fichiers seront exploités et développés par les nazis pour repérer et détruire toutes les familles tziganes (Zigeuner) du Reich.

En France, tous les membres d'une famille de voyageurs, tzigane ou non, exerçant un métier itinérant, sont alors astreints, à chaque déplacement, à un enregistrement quotidien dans un registre préfectoral d'immatriculation. Ils portent sur eux un carnet anthropométrique devenu le « Livret de circulation des gens du voyage ». Henriette Asséo en résume la philosophie :

« Ces Français de naissance depuis des générations sont traités par l'administration comme des citoyens de deuxième zone, ils ont moins de droits qu'un étranger résidant en France. Mais cette vérité va tellement à l'encontre de la litanie républicaine qu'il faut l'occulter par tous les moyens. »

Bientôt se profile l'horreur. « Dès 1920, en Allemagne, au Reichstag, les partis nationalistes s'opposent au maintien des "Tziganes de l'intérieur" », continue Henriette Asséo.

Après les Juifs, les Tziganes furent la deuxième population européenne à être victime d'une extermination familiale menée par les nazis. Aux commandes de l'appareil de sélection raciale et du système des déportations. Himmler en est l'architecte. S'appuyant sur de prétendues « connaissances scientifiques », il organise la recherche « biologique » des Zigeuner – Sinti et Roms – en vue de leur extermination. Il vise d'abord les Sinti vivant en terre germanique depuis le XVIe siècle et l'on a établi, avec certitude, que 80 % des familles d'Allemagne et d'Autriche furent exterminées. Concentrées dans des camps spéciaux avant la guerre, elles sont transférées, en décembre 1942, à Auschwitz, sur décision d'Himmler, avec les familles raflées en Bohême-Moravie, aux Pays-Bas mais aussi en France, où elles avaient été arrêtées dans le Nord et le Pas-de-Calais.

Dans l'enceinte du centre de mise à mort d'Auschwitz-Birkenau, Himmler avait fait construire un camp barbelé, ou « camp tzigane de famille ». Des baraquements infâmes où étaient concentrées les familles et une majorité d'enfants. Le gazage final eut lieu dans la nuit du 1er au 2 août 1944. De cette nuit-là, tous les déportés encore vivants se souviennent.

Le massacre avait commencé dès 1941, sur le front de l'Est, en Russie, dans les pays Baltes et en Ukraine. Ce fut l'œuvre des Einsatzgruppen, ces unités mobiles d'extermination qui ont assassiné un million et demi de Juifs.

En France, dès novembre 1940, profitant d'un ordre allemand assez évasif, l'administration de Vichy rassembla les familles de nationalité française, dites « Nomades », dans des camps spécifiques dits « camps d'internement pour Nomades », comme celui de Montreuil-Bellay. Ces familles françaises ne furent libérées qu'en 1946 et contraintes de reprendre le carnet anthropométrique.

Après pareille tragédie, le sort des Tziganes aurait dû changer du tout au tout. Hélas, il n'en fut scandaleusement rien.

« Cela ne modifia pas fondamentalement la ségrégation dont ils ont été l'objet depuis des siècles, bien au contraire, les victimes n'eurent droit à aucune reconnaissance », dénonce Henriette Asséo. Et c'est peu dire.

À l'Est, les stérilisations forcées, en particulier en Tchécoslovaquie, mais aussi dans les pays démocrates, dont la Suède, se sont prolongées jusqu'en 1973. En Suisse, ce furent les enlèvements d'enfants de familles de voyageurs – Jenisch – par l'association catholique Pro Juventute. La repentance a été bien tardive. Et bien discrète.

En tout cas, enracinés depuis des siècles en Europe, les Tziganes forment des communautés extrêmement variées et correspondant à des diversités aussi multiples que le sont les Français, Anglais, Allemands, Tchèques, Italiens, Roumains ou Espagnols. Ils portent d'ailleurs des noms correspondant à la langue nationale. En France, jusqu'à une période très récente, on a longtemps employé le terme générique de Bohémiens ou de Manouches. En Allemagne et en Autriche, ils sont les Sinti. En Espagne, les Gitanos, en Italie, les Zingari, et les Gypsies en Angleterre. Tandis que dans l'ensemble de l'Europe centrale et orientale on employait les variantes de « Tziganes », à présent réduites au simple mot de « Roms ». Le danger étant de l'assortir à l'idée du nomadisme de Roms qui y seraient poussés par un atavisme ancestral. Ce mythe a renforcé cette vision politique, propre à tous les gouvernements européens, selon laquelle « on ne peut pas les intégrer ».

Au fil du récit d'Henriette, les différences nationales et régionales entre les communautés tziganes devenaient de plus en plus évidentes. Et je comprenais mieux pourquoi elle n'avait de cesse de réfuter la vision des institutions européennes, avec cette idée de Roms formant une « minorité européenne transnationale ». Une thèse qui contribue à l'image du « Rom migrant », sans possibilité de défense citoyenne et chassé de partout.

Lorsque le mur de Berlin est tombé, que les portes se sont ouvertes, malgré leurs histoires très éloignées les unes des autres, un agglomérat s'est formé, unissant, confondant l'histoire des Sinti, des Tziganes de l'Ouest et des Roms de l'Est. Toutes les communautés parlant le romani étant alors regroupées sous la nouvelle appellation de « Rom », qui, en romani, signifie « homme ». Un vocable unique qui prête à confusion :

« Il est à présent un terme générique forgé sur une base politique construite par les institutions européennes pour développer "le programme d'intégration des Roms d'Europe", une simple classification englobant, donc, cet ensemble et reprise par des leaders de ces communautés », s'agaçait Henriette, me rappelant les envolées furieuses d'Alexandre Romanès, qui, dans son cirque tzigane, administre, souvent, à ses spectateurs une leçon dont je n'avais pas jusqu'ici saisi le véritable sens :

« Nous sommes tziganes, gypsies, gitans, ce que vous voulez, mais pas “roms”, ça c’est de la foutaise, une grosse connerie ! »

Quant aux camps roms, ils ont beau être moches et parfois très moches, ils reconstituent, quand même, une petite société qui ne marche pas si mal, grâce à tout un entrelacs de connaissances, de réseaux, d’amitiés. À la condition, bien sûr, que « le chef » ait de la vie en commun une vraie vision : faut-il faire payer un loyer pour chaque bicoque ? Quelles règles appliquer dans le camp ? Comment repérer une famille à embrouilles ? Et, dans le camp, chacun sait très bien si le chef garde l’argent pour lui ou l’injecte dans sa microsociété, permettant à son monde de vivre.

Exactement ce que m’a décrit Craï, de son « boulot » sur « son » terrain de Saint-Denis, au temps où il y régnait et où tout allait bien. Romina m’avait concrètement précisé les choses :

« À La Sabrina et à Saint Denis, c’était des très petits campements, avec que des amis et la famille, alors on ne payait pas. C’est pas pareil, dans les très grands camps, où on doit payer tous les mois. Ou alors, pour avoir une baraque, il faut donner une grosse somme en une seule fois. »

Ainsi Ludovica, qui vivait dans une bicoque, sur un immense campement, en face de La Sabrina, payait-elle, un « loyer » mensuel au chef.

À La Courneuve, au « Samaritain », un camp qu’Henriette Asséo a bien connu, vivaient trois cents personnes, jusqu’à sa destruction en août 2015, après six ans d’existence. Un vrai gâchis. Le système économique y était viable, basé sur la récupération et la vente de ferraille. Quelques habitants, grâce à leur statut d’auto-entrepreneur, avaient obtenu des contrats et déblayaient des chantiers, et même le nouveau siège de SFR. Ils y triaient les matériaux et bien sûr la ferraille, revendue à des sociétés spécialisées, dont France-Métaux. Au début, ça payait pas mal, mais, suivant le cours mondial des matières premières, le prix de la tonne de métal a terriblement baissé et sa revente est devenue de moins en moins rentable.

Si désespérants soient-ils, les camps pourraient être un sas vers une domiciliation décente, si seulement il existait une véritable politique d'intégration. Mais ce n'est pas le chemin choisi par les gouvernements successifs. Au contraire. La technique consiste plutôt à fermer les yeux jusqu'à ce qu'un campement grossisse trop, qu'il soit évacué, et se reforme ailleurs. Et ainsi de suite. Un mouvement perpétuel et stupide, atomisant l'avenir des enfants et la vie de leurs parents.

Pire encore, l'absence d'insertion stable détruit les acquis et le savoir-faire antérieur. Tous les adultes des camps roumains, âgés de plus de 40 ans ont été bien scolarisés dans leur pays, ils y ont souvent fait des études techniques et pouvaient être contremaîtres dans les usines collectives et même directeurs de coopératives agricoles. Que sont-ils devenus, sinon des parias ?

Et la mendicité ? « Aller menghel », c'était pratiquer l'ancestrale tournée des fermes par les femmes et, autrefois, jamais une paysanne n'aurait laissé plus pauvre qu'elle-même sans lui donner quelque chose, un chou, une pomme de terre, un peu d'eau. Mais, aujourd'hui, faire la sivouplé marche beaucoup moins bien et ne complète que maigrement les revenus.

« Lors de la première vague d'arrivée, des années 1990, avec la grande ouverture aux pays des Balkans, racontait Henriette, même les femmes tenant des enfants dans leurs bras recevaient des oboles, mais c'est fini et la bonne aventure aussi. Elle a été interdite par les évangélistes, la clientèle traditionnelle a disparu. Et, contrairement aux Américains, les Tziganes d'Europe ne se sont pas reconvertis dans la voyance sur Internet, dommage, ils seraient riches ! »

Et, il ne faut pas croire que les femmes mendient, la joie au cœur :

« Tendre la main, elles n'aiment pas ça, signalait Henriette, et voient la chose avec beaucoup d'ironie, une prise de distance avec le sentiment de honte. »

La précieuse Henriette m'a aussi éclairée sur la nostalgie de Craï et de ses copains pour l'époque de Ceauşescu. Même si les régimes communistes ont eu une politique très ambiguë à l'égard des Roms, au moins tous avaient-ils un emploi stable et une maison. Avant guerre, l'Union générale des Roms de Roumanie était une organisation de masse avec ses journaux et ses intellectuels, revendiquant un million d'adhérents. Elle fut interdite par les communistes. Ils se virent, aussi, refuser le statut de minorité ethnique, et le mouvement politique des élites roms fut durement réprimé.

Après la chute de Ceauşescu, la crise qui a suivi a frappé les Roms de plein fouet. Abandonné, le système collectif n'a pas été remplacé par un autre un tant soit peu équitable. Les complexes industriels ont été démantelés, réduisant au chômage ouvriers et techniciens. De nombreux Roumains, et pas seulement les Roms se sont, alors, expatriés.

En me quittant, Henriette m'a donné un DVD du film auquel elle a contribué, *Mémoires tziganes. L'autre génocide*, qui raconte la déportation et l'extermination des Tziganes, pendant la Seconde Guerre mondiale. Je l'ai prêté à Craï et Romina. Ils en sont restés stupéfaits, affreusement choqués. Jamais, jamais ils n'avaient entendu parler d'une pareille abomination :

« On regardait et nous on se regardait aussi, on se disait : “Mais c’est pas possible !” Je demandais à Craï : “Tu crois vraiment qu’ils nous ont fait ça ?” Il m’a dit : “Oui, je crois, tu vois le film !” Mais lui et moi, on ne savait rien du tout de cette histoire. Craï, il ne l’a pas appris à l’école, pourtant, il y est allé plus longtemps que moi, il a même le bac ! Moi, j’ai arrêté à mes 11 ans et je suis roumaine, je suis devenue une Rom quand j’ai épousé Craï. Les parents de mon mari nous en ont jamais parlé, non plus. Je ne sais pas même s’ils le savent. Tout ce qu’ils nous racontent, c’est les grands-parents et ceux d’avant, dans la famille de Craï, qui roulaient dans des chariots, vendaient des choses dans les villages. Mais des gens comme eux, on les voit dans le film et après on les voit qui se font tous tuer… »

CHAPITRE XVI

Une mère

Un après-midi, où nous étions, Romina et moi, au parc, surveillant en bavardant les enfants qui jouaient, elle m'a, pour la première fois, parlé de sa mère, restée une énigme à mes yeux, puisqu'elle ne l'évoquait jamais, sauf pour affirmer, le regard ailleurs, que cette mère, pour elle, n'existait pas :

« Ma mère, elle n'était pas vraiment une mère. Elle a eu huit enfants et elle n'a fait attention qu'à une, Floriana, la dernière. Après ma naissance, j'avais deux jours quand elle m'a amenée à l'orphelinat, elle avait déjà fait pareil avec ma grande sœur et mon grand frère, ensuite avec mes deux petits frères et avec Roxana et Gabriella, les deux jumelles, abandonnées elles aussi. Roxana a été adoptée dans une famille allemande, et n'a jamais revu Gabriella. Elle ne sait pas du tout où elle peut être, même pas dans quel pays, car elle est allée dans une famille et Gabriella dans une autre. Oui, ils ont séparé les jumelles pour l'adoption, c'est très, très triste. Regarde cette photo, voilà deux de mes frères. Où ils sont ? En prison, mais ils sortent bientôt… Tu vois, lui c'est le grand, je le connais bien, puisque la mère de ma mère nous a élevés ensemble, oui, ma grand-mère. C'est elle qui m'a sortie de l'orphelinat, quand j'avais 2 ans et demi.

L'autre frère, je le connais depuis sept ans seulement, il vivait avec encore un autre frère chez la mère de mon père. Tiens, celle-là, c'est Floriana, la seule qui a vécu avec notre mère. Pourquoi ? Je ne sais pas. Voilà la photo de ma mère, oui, elle est belle, mais ce n'est pas ma mère, elle était méchante et elle est morte. Souvent, je me demande comment elle a pu nous abandonner, les uns après les autres, pour des hommes, nous ses enfants ! C'est très difficile pour moi de penser à ça. Je regarde mes enfants, ils sont ma vie, mon cœur, je ferais tout pour eux. Jamais je ne les laisserais pour un homme ! Si mon mari s'en allait, tant pis, je resterais avec mes enfants, je les élèverais, seule. Tout le contraire de ma mère.

Elle est morte en novembre 2010, on était en France. Ma sœur, la grande, m'a téléphoné pour me le dire et j'ai répondu :

"Attends, ne la mets pas dans la terre, je viens de suite en Roumanie !"

J'ai dit que je voulais envoyer de l'argent pour le cercueil et ma sœur m'a dit :

"C'est bien, envoie encore de l'argent et viens !"

J'ai compris. Ce qu'elle voulait, c'est l'argent, pas moi. Alors je n'ai rien envoyé. Quand je l'ai appelée pour dire que j'arrivais, elle m'a dit :

"J'ai posé la terre sur notre mère, ça va, ne viens pas !"

Ils m'avaient oubliée. Ça m'a fait mal, surtout quand je suis allée en Roumanie, à l'été 2011, et que j'ai visité ma famille, ils criaient :

"J'ai tout donné pour Maman, ma chaîne en or, que je dois rembourser ! Et toi, toi, tu n'as rien fait du tout ! Tu n'as rien donné !"

Ma sœur a même dit :

"Oui, j'ai posé la terre sur Maman et je m'en fous de toi !"

Alors j'ai pensé : "Ah c'est comme ça !"

Et je suis partie de cette maison.

Mon père n'était pas un bon père non plus. Je l'ai connu à 14 ans, il m'a dit :

"Si tu veux me rencontrer, tu n'as qu'à venir chez moi ! Moi, je me déplace pas !"

Dans la famille de Craï, ils s'aiment tous, ils s'aident et, nous, on les aide. Tous les mois, je leur envoie des tissus, des vêtements, d'autres choses qu'on achète ou qu'on trouve dans les poubelles et de l'argent aussi. Ça me fait penser à ma famille qui n'existe pas.

Il n'y a pas longtemps, ma sœur Roxana et moi, on s'est retrouvées sur Facebook où elle s'appelle Roxy, et on se parle parfois ou alors c'est Amadora qui lui parle. Elle m'a demandé si j'étais devenue tzigane, c'est amusant. Elle est soldat en Allemagne, oui, c'est très bien. Mais… oh mon Dieu, je ne sais pas comment dire… elle vit avec une femme ! Ah ça, c'est pas normal du tout ! Non, désolée, c'est pas bien ! Mais je voudrais bien la voir, un jour…

Ma sœur, Floriana, la petite, je la connais et elle n'est pas gentille, elle se prend pour une riche, une fille très intéressante mais elle est mauvaise, comme notre mère. Voilà ce qu'elle a fait !

En 2011, Roxana était partie en Roumanie, elle voulait nous retrouver tous. Elle a connu d'abord Floriana, qui est très méchante, puisqu'elle lui a juré qu'elle était sa seule sœur. Puis une tante a révélé à Roxana que nous étions beaucoup, pas avec le même père, puisque ma mère a connu plusieurs hommes, et c'est pour eux qu'elle nous abandonnait. Floriana était très fâchée que cette tante raconte la vérité à Roxana et elles se sont beaucoup disputées. Mais, bon, c'est autre histoire. Et quand Roxana a appris que nos deux frères étaient en prison – c'est pour des vols –, elle a laissé de l'argent pour qu'ils en sortent. Oui, je sais, ici, on ne sort pas de prison en payant, mais en Roumanie, si !

Ah, ça, ce que Floriana a fait de l'argent, c'est très honteux ! Elle s'est acheté… mon Dieu !… elle s'est acheté des piercings, elle a fait refaire sa figure. Et elle s'est payé une grosse bouche et des seins en silicone. Très grands ! Et nos frères sont restés en prison. »

CHAPITRE XVII

Perla

Amadora était sur le canapé de sa véranda, avant l'incendie, serrée contre sa « meilleure amie chérie, la meilleure des meilleures », à qui elle a appris à parler le français, à le lire et à l'écrire.

« Elle ne savait rien du tout quand elle est arrivée, il y a trois ans, heureusement que j'étais là ! » répétait Amadora, toute fière de ce rôle professoral.

À 13 ans, Perla est une jolie petite. Comme Amadora, un peu ronde et, comme elle, rêvant d'un « régime ». Un défi presque impossible à réussir quand on aime tant le pain, les chips et les bonbons.

Perla ne peut pas non plus se passer de Facebook :

« Hein ? Quoi ? Dominique, tu n'as pas de Facebook ? Mais comment tu peux vivre ? »

Plus tard, Perla sauvera des vies, en étant docteur ou chirurgienne.

Nous en étions là, de ce banal papotage, quand, doucement, il a pris une autre tournure. Les joues de Perla s'enflammaient, elle parlait vite, elle hoquetait. Son oncle, racontait-elle, avait passé deux semaines dans le coma, sa mort certaine ou, en tout cas, sa paralysie totale avaient été annoncées à la famille, mais, à la surprise générale, il s'était réveillé et se portait de mieux en mieux. Or, cet oncle, elle l'aime énormément, car il lui tient lieu de père, le sien purgeant, depuis deux ans, une peine de prison. Perla s'est mise à parler de Dieu. Avant les malheurs de l'oncle, elle n'y croyait pas vraiment, mais elle avait tenu à respecter une tradition tzigane, selon laquelle, « quand quelqu'un est très malade, on boit pas, ni on mange pas de toute la journée, et on garde le livre des prières dans les mains ».

Bravant les interdits dus à son jeune âge et la désapprobation de sa mère, Perla se faufilait chaque nuit à l'hôpital, au chevet du mourant, et y priait à genoux, des heures entières, avec toute la famille :

« Je suppliais Dieu de le sauver. Et si le miracle est arrivé, c'est bien que ses anges étaient à côté de lui et aussi toute la famille et toutes nos prières pour qu'il reste avec nous. »

Le miracle a eu lieu, puisque l'oncle se porte maintenant comme un charme. Mais, chose incroyable, les médecins ont refusé mordicus d'y voir le moindre signe divin et, plus grave encore, ces docteurs avaient fait part à Perla de leur honteuse impiété. Une telle discordance avec la vérité l'avait laissée stupéfaite et indignée.

Son récit ne s'arrêtait pas là. Il me restait à apprendre comment l'oncle s'était retrouvé dans cet état, proche de la mort. Plus Perla avançait, plus sa voix s'étranglait de sanglots, plus j'écarquillais les yeux.

Elle habitait alors avec sa mère et son petit frère, sur un campement en banlieue parisienne. Tous trois avaient abandonné leur baraque, sans électricité, pour s'installer dans celle de l'oncle, qui en avait. Or, dans un coin de la bicoque, se trouvait, mal cachée, une vieille carabine, déposée là par un ami de l'oncle. Il semble qu'elle y était depuis longtemps, et de plus, chargée, ce que chacun avait oublié.

« Un soir, ma mère était au travail, reniflait Perla, un Arabe est venu près de nos baraques, il avait un fusil et il a tiré en l'air dehors. Pourquoi ? Je ne sais pas. Alors mon oncle est sorti. Et là, mon frère, mon petit frère, il a eu peur, il a pris la carabine et il a tiré. Alors mon oncle, il est tombé sur moi et, mon Dieu, j'étais pleine du sang de mon oncle qui coulait et coulait. Non, je n'arrive pas bien à en parler, c'est très très horrible. Je voyais deux personnes que j'aime tant, mon petit frère qui a fait du mal, beaucoup de mal à mon oncle, et mon oncle qui était par terre, qui gémissait, qui disait : "Attendez, je vois plus rien, je veux une cigarette !" On lui en a mis une dans la bouche, mais il sentait rien. Rien du tout. »

Quelqu'un du campement a appelé la police, poursuivait Perla, et elle est arrivée.

« Mais les policiers, ils restaient à l'entrée du campement. Je crois qu'ils avaient peur d'avancer. Peut-être ils pensaient à une fusillade, peut-être ils pensaient que c'était des Roms et que c'était pas grave. Alors j'ai couru vers eux, j'ai pris un policier par la main et je l'ai supplié : "Venez aider mon oncle !" et je le tirais par la main et il me regardait, pleine de sang, et ses collègues, ils ont dit : "Stop, on ne bouge plus !" Ils ont mis leurs armes vers moi. C'est pour ça que je sais qu'ils avaient peur. Et puis, ils ont vu que je n'étais qu'une enfant et ils ont baissé les armes. Et ils sont, enfin, venus voir mon oncle. L'Arabe, il était là, à dire : "C'est l'enfant, c'est l'enfant qui l'a blessé !" »

Mais l'agresseur et le petit frère avaient, tous les deux, tiré et on ne sait toujours pas qui a atteint l'oncle.

« Et, moi, moi, oui je pleure beaucoup, encore aujourd'hui, un an après, parce que je n'ai pas su prendre soin de mon petit frère, je l'ai laissé prendre l'arme. Je me sens tellement coupable, parfois je veux mourir. Mon petit frère pleurait beaucoup, je l'ai pris dans mes bras, je l'ai bercé, en disant : "C'est pas ta faute, c'est pas ta faute, c'est la mienne."

J'avais si peur, oh vraiment si peur, que la police le prenne et le mette en prison. »

Finalement, il n'y a pas eu de procès et personne n'a été condamné. Y a-t-il eu seulement une enquête ? Perla l'ignore.

« L'autre jour, a-t-elle repris, c'était mon anniversaire et l'Arabe est revenu sur notre campement, il avait 10 euros pour moi. Il me tendait le billet. Sûrement pour demander pardon ou alors pour m'acheter. Mais je ne l'ai pas pris ! Ça non ! »

CHAPITRE XVIII

À bas la liberté !

Romina, souvent, aime disserter sur son enfance, lorsque, dès ses 6 ou 7 ans, elle travaillait déjà, et elle aime comparer sa vie d'alors à celle d'Amadora, « bien plus belle », même si, à la maison, sa fille n'a jamais chômé :

« Toute petite, je travaillais dans l'agriculture, dans la couture, je faisais du tricot, du crochet, de tout ! Ah, nos enfants n'ont pas du tout notre vie, heureusement. Je leur dis souvent : "Allez, vous avez toutes les possibilités que j'ai pas eues ! Vous aurez une bien plus belle vie !" Ma famille était très, très pauvre. Je n'avais que des vêtements usés et, quand c'était plus possible de les mettre, je les déchirais. Non, pas pour jeter ! Je les déchirais en lanières pour faire des pelotes, et avec le métier à tisser, je les transformais en tapis. Je ne suis pas allée beaucoup à l'école, Craï un peu plus et on n'a pas eu de l'avenir. »

Romina a commencé à travailler à l'usine, à 14 ans, trois ans après avoir quitté l'école. L'entreprise, où elle était ouvrière, fabriquait du parquet et son rôle était d'enfiler des planches du bois dans une machine d'où sortaient les lattes. Mais un an plus tard, apprenant, ou faisant mine d'apprendre, qu'elle était si jeune, le patron l'avait mise dehors, par crainte d'avoir des ennuis. Et elle avait repris ses travaux de couture.

Tout le contraire de la brillante destinée qu'elle entrevoyait pour sa fille qui serait « docteur, avocate », ou autre chose de mieux encore. Elle ne savait pas précisément quoi, mais en tout cas, elle en était certaine, la vie de chacun de ses quatre enfants serait tellement meilleure que la sienne et celle de son époux ! C'est pour ça, disait-elle, dans ce seul but, qu'ils avaient quitté la Roumanie pour venir ici, en France. Afin que leurs enfants n'aient jamais à fouiller les poubelles comme eux ou à faire la brocante avec de vieilles choses laissées sur le trottoir.

Rien ne devait les dévier de ce chemin, mais il leur fallait guetter les dangers, les embûches et les surmonter, les empêcher à tout prix. Et parmi ces périls, le premier d'entre eux, le plus menaçant, se nommait « liberté ». Il suffisait, fulminaient Craï et Romina, d'observer une des cousines d'Amadora, qui, à 14 ans, pleurait pour cette foutue liberté, voulant à tout prix rejoindre son amoureux en Roumanie, alors qu'elle savait très bien la chose impossible, puisque ses parents avaient choisi de vivre ici en France et refusaient absolument de retourner au pays. Mais ils s'avéraient impuissants à faire taire les velléités d'indépendance de leur fille et ne parvenaient pas à lui faire entrer dans la tête les risques de la vie, de la nuit, des sorties, du maquillage, des jupes courtes et des chaussures à talon.

Un jour où j'étais seule avec les enfants, à l'hôtel, je leur avais demandé s'il leur arrivait de prendre quelques baffes. Les trois grands avaient hésité, s'étaient égaillés à travers la pièce, comme des moineaux, ils se chuchotaient à l'oreille les uns des autres, ils menaient d'intenses conciliabules. Enfin, ils étaient revenus vers moi, telle une délégation de petits ambassadeurs et solennellement m'avaient annoncé :

« Oui, ça arrive ! Quand on fait des bêtises, ou qu'on se dispute, ou qu'on est malpolis. Et Coco quand elle fait ses caprices… »

J'en avais parlé à Craï et il l'avait volontiers admis. Il ronchonnait même contre la règle, qui désormais interdit les fessées :

« Mon papa, traduisait Amadora, te fait dire que c'est pas normal du tout. Des parents doivent pouvoir élever leurs enfants comme ils veulent. »

Pas tout à fait, avais-je rétorqué. Le début d'une longue conversation…

Et voilà qu'enflammé par cette discussion sur la « liberté », Craï en venait à brandir sa grosse pogne :

« La liberté la voilà ! Oui, c'est ma main ! Je dis toujours ça à mes enfants en montrant ma main ! Pour les gifler s'ils réclament, s'ils ne sont pas sages, s'ils n'apprennent pas bien à l'école. »

Romina approuvait totalement :

« Moi je dis à Amadora, tu vas à l'école pour apprendre, pas pour sortir, rire, parler avec des amis. Je lui dis attention, tu parles pas aux inconnus, je lui dis attention au monde, attention à tout ! »

Elle ajoutait, sévère :

« Ah, ça, non, non et non, je ne laisse pas Amadora jouer avec ses copines de l'hôtel, pas dans notre chambre en tout cas ! Je veux aucun problème, alors, quand elles débarquent, je dis : "Nous, c'est roumains, nous pas parler bien, nous pas comprendre rien ! Faut pas rester, rentre chez vous !" J'ai peur qu'il arrive quelque chose quand je laisse Amadora garder les petits, que les enfants des voisins fassent des bêtises, qu'ils jouent à des jeux dangereux et ensuite on dira : "C'est la faute aux Roms !" »

Sur ce sujet, ils étaient, elle et son mari absolument d'accord. « Je suis bien désolé, poursuivait Craï, mais si on vit en France, c'est pas pour que nos enfants soient amoureux, sortent le soir et fassent les fous ! Je n'ai pas quitté mon pays pour que ma fille crie : “Vive la liberté !” »

Là-dessus, après avoir traduit ces austères préceptes parentaux, Amadora avait débité un petit laïus, à propos du « mariage précoce », la coutume tzigane, qui veut que les filles puissent convoler dès leurs 13 ans :

« Je sais que, chez nous, les filles se marient à 13 ans, c'est notre tradition, et mes parents quand ils veulent m'embêter ils me disent : “Attention Amadora, si tu n'es pas gentille, on te marie à 13 ans !” Mais je sais que c'est faux ! Ils le feront jamais ! »

Elle avait raison, car ses parents parlaient souvent de cette affaire de mariage, chaque fois pour assurer que, « jamais, jamais », leurs deux filles ne seraient autorisées à épouser quiconque avant leur majorité. Amadora avait haussé les épaules, l'air écœuré :

« De toute façon, moi, je ne me marierai jamais et je ne veux pas d'enfants non plus. Pourquoi ? Parce que les hommes, ils me saoulent et que je veux être libre ! »

CHAPITRE XIX

L'école de Stains

« Elle est magique, cette petite ! » disent d'Amadora ses anciennes maîtresses de l'école de Stains, où elle allait avec ses deux frères, avant l'incendie. Sur elle et ses parents, le directeur et les institutrices n'avaient que des compliments à la bouche :

« Une famille qu'il est très gratifiant d'aider », « des gens qui ont toujours le sourire, qui ne se plaignent jamais, ce qui est quand même rigolo dans leur situation ».

Selon eux, il en allait ainsi chez beaucoup de familles roms de leur école. Le petit groupe d'enseignants s'amusait aussi de voir, au cours du soir, Craï et Romina assis côte à côte sur les mêmes bancs que leurs enfants, tâchant, tant bien que mal, de réciter des rudiments de français. Ça n'amusait pas tout le monde, une fois, une mère d'élève avait reproché à Thierry, le directeur, « d'accueillir des Roms », il s'était mis « très en colère ».

Lui, qui voit dans son école pas mal d'enfants et de parents « en dérive sociale », pense que « les symptômes sont toujours les mêmes, quelles que soient les origines, et que beaucoup baissent les bras, par peur de se confronter à l'échec ou parce que leur vie est trop compliquée ».

L'équipe scolaire avait connu un petit garçon sans cesse souffrant et, comme à son habitude, elle avait interrogé ses parents sur leur parcours. C'est ainsi qu'elle avait compris que, venant de Tchernobyl, après l'accident nucléaire, la famille avait été contaminée, ce qui expliquait les maladies de l'enfant, même s'il était né bien après 1986.

Ces entretiens réguliers, l'équipe les avait aussi conduits avec les Lingurar. Amadora, tenant son rôle, bien connu, de traductrice.

« Elle faisait le lien entre nous et ses parents, et nous avons su qu'elle manquait parfois, parce qu'elle devait accompagner sa mère chez l'assistante sociale, deux fois par mois pour le Samu social et trouver un autre hôtel où habiter. »

L'équipe se souvenait bien de cette année 2014, où, baladés d'hôtel en hôtel, Amadora et Craï-Abel s'endormaient en classe. Au point qu'un soir Romina était tombée dans les bras de Jessica, une des institutrices d'Amadora :

« Elle pleurait, elle était désespérée, elle disait qu'ils allaient rentrer en Roumanie, qu'ici c'était trop dur, qu'ils n'avaient rien, ni travail ni logement, puisqu'ils avaient été sans cesse expulsés des campements et que, maintenant, ils allaient d'une chambre d'hôtel à une autre. »

Jessica en avait été bouleversée :

« Je me disais : "Quand même, ce n'est pas possible, cette petite fille qui s'acharne au travail, qui ne rêve que de faire ses devoirs, qui préfère même faire des maths, plutôt que d'aller en récréation, voilà sa destinée", quel dommage, quel gâchis ! »

Jessica avait consolé Romina, lui avait dit de tenir bon pour l'hôtel, que son obstination allait forcément payer, que ceux qui résistent le plus finissent par réussir. Elle pensait, tristement, ne plus revoir les Lingurar, mais ils étaient revenus, plus ragaillardis que jamais et avec un nouvel hôtel. C'est là que le directeur de l'école avait décroché son téléphone pour parler à l'assistante sociale et au Samu social, afin de garantir à cette famille « méritante » un lieu plus pérenne. Et il avait réussi. L'année d'après, en 2015, les petits Lingurar passaient leur fin de journée sur le campement de Saint-Denis avant de regagner leur hôtel social du XIIe arrondissement de Paris, devenu leur habitation fixe. Ils en repartaient, à l'aube, pour aller à l'école, après avoir traversé tout Paris et la banlieue pour, enfin, s'asseoir sur les bancs de l'école à Stains.

Amadora y faisait des étincelles, elle qui était arrivée là, « sans aucune culture scolaire », avait rebondi très vite, « malgré tout ce qu'elle avait vécu et continuait de vivre ». « Elle se met la barre très haut, racontait Jessica, se vexe ou pleure facilement quand elle rate un exercice. »

À la grande fierté d'Amadora, Vanessa disait d'elle : « Amadora est plus qu'une élève, c'est une collègue ! J'ai, avec elle, une relation quasi fusionnelle. »

Elle aurait préféré la voir moins sérieuse, avait parfois envie de lui ordonner :

« Allez, Amadora, tu n'es qu'une petite fille, fais le clown, fais l'idiote, un peu. »

Mais Amadora lui répondait d'un sourire et lui réclamait « des devoirs ».

Les enseignants avaient été très divertis en apprenant qu'Amadora racontait que le directeur Thierry punissait de centaines de lignes les élèves qui braillaient : « Toi la Gitane, tu pues ! » Il expliquait être « assez sévère », ne pas tolérer le racisme, mais sachant que « souvent les enfants ne savent pas ce qu'ils disent », il préférait leur expliquer en quoi ils se trompaient et sanctionner, en cas de récidive, les manquements et insultes, mais pas à coup de « lignes ». Après l'incendie, quand Amadora avait changé d'école, Vanessa avait gémi : « Ce n'est pas gentil de me l'enlever... »

CHAPITRE XX

Ma nouvelle école

À Stains, j'étais très bonne élève, mais on a dû changer d'école, à cause de l'incendie sur le campement, où toutes nos affaires et notre baraque ont brûlé. Maintenant, je vais en classe dans le XIIe à Paris, tout près de l'hôtel social où on habite.

Au début, je détestais cette école, j'avais trop de peine de quitter mes maîtresses de Stains. Vanessa me téléphone quelquefois et elle m'a dit qu'elle allait ouvrir une page sur Internet pour qu'on puisse se parler avec les enfants de Stains et ne pas se perdre de vue. Elle m'a dit aussi qu'elle avait deux enfants insupportables dans sa classe et qu'elle voulait les échanger contre Craï-Abel et moi. Un des deux doit être le garçon qui frappait tout le monde, je m'en souviens, un jour il m'a donné une claque à moi aussi. Alors, je lui ai enlevé ses lunettes, je lui ai attrapé le visage avec mes deux mains et j'ai serré très fort, il était tout rouge, il allait pleurer. Après, il est venu me demander pardon, je ne l'ai pas excusé, parce qu'il embête trop de monde, et je suis très contente de lui avoir donné la leçon ; je suis allée le trouver avec deux filles et je lui ai dit : « Tu vois ce que ça fait ! »

Il a dit oui et depuis il n'a plus embêté les autres, sauf la maîtresse qui était une remplaçante.

Ici, à l'école de Paris, les enfants disent tout le temps des gros mots « nique ta mère », « putain de merde », ou je ne sais pas quoi encore. C'est horrible ! À Stains, quand on disait des gros mots, on se faisait gronder, mais ici, je ne sais pas pourquoi, personne ne dit rien.

Cette année, à la rentrée de septembre, je trouve qu'ils en disent beaucoup moins. Ou alors, je me suis habituée. L'autre jour, j'ai dit « putain ». Heureusement, ma mère n'a pas entendu.

Dans ma nouvelle école, je ne suis pas la meilleure du tout, ça me fait de la peine. Je dois beaucoup travailler pour rattraper mon retard et c'est ce que je fais. À la rentrée de septembre 2016, Coco a pu aller à l'école elle aussi, puisqu'elle ne met plus ses couches, depuis ses 2 ans. Moi j'ai arrêté bien plus tôt, à mes 9 mois.

On avait tous peur que Coco crie et s'accroche à Maman, parce que, la première fois qu'il est allé à la maternelle, Sarko a pleuré tous les jours pendant deux mois sans s'arrêter, il est même tombé malade. Il ne voulait pas être sans Maman. Pourtant, il était en avance, il suçait pas son pouce et il allait aux toilettes tout seul.

Craï-Abel, lui, n'a pas pleuré à son premier jour d'école, mais il était assis entre deux enfants qui suçaient leur pouce, il trouvait ça drôle, il voulait faire pareil, mais Maman lui a dit que non, sinon sa bouche serait toute déformée. Lui aussi il avait plein d'amis à l'école de Stains, au moins huit ou dix, des Roms, comme nous, mais eux ils disent qu'ils sont roumains, parce qu'ils ont honte. Avec eux, Craï-Abel il faisait le fou. Les maîtres ont même voulu le faire redescendre en CP, tellement il lisait mal et ne faisait rien du tout. Mais il a bien réfléchi, il a changé, il a fait beaucoup de progrès. Vraiment beaucoup et la maîtresse m'a dit qu'ils avaient bien fait de le laisser en CE1. Mais le problème avec lui c'est qu'il ne respecte pas les règles. Il parle trop fort et tout le temps !

Bon, eh bien, Coco, à l'école, elle n'a pas été triste. Pas du tout ! Elle a vu les autres enfants et tous les jouets et elle est partie s'amuser, sans regarder Maman qui avait prévenu au travail qu'elle arriverait en retard. Coco, quand elle est à l'école, elle s'en fiche complètement de nous tous ! Elle a quand même pleuré en voyant Sarko qui marchait en rangs avec ses copains, elle l'a appelé, et Sarko aussi a crié « Coco, Coco ! », il voulait aller la voir, mais ce n'est pas permis, et il a pleuré lui aussi.

À la Saint-Nicolas, j'ai eu un beau pull tout doux, le même que Maman. Moi le rose et elle le bleu, taille 12 ans pour toutes les deux. Elle me prête le sien et on échange. Sarko est le seul qui n'a eu aucun cadeau, il avait été trop méchant, il n'écoutait pas Maman, ni moi, ni la maîtresse, et il a beaucoup pleuré.

À l'école, il fallait qu'on choisisse des activités, et je ne savais pas quoi prendre. On a parlé de la danse, mais j'avais regardé. La classique, c'est très dur, le rock, je crois que je n'aime pas. La danse contemporaine, je ne savais pas ce que c'était et il fallait que je me décide.

Comme j'étais arrivée après la rentrée, la maîtresse m'avait mise à l'activité « Débat d'idées », mais c'était nul ! L'animatrice nous mettait en cercle et elle au milieu, elle disait que c'était comme à la République et qu'on devait répondre à ses questions. Mais je comprenais rien à ses questions, elle nous parlait de la Humanité, de la Fraternité. Je m'ennuyais beaucoup, mes copines aussi n'aimaient pas trop ça. On passait trop de temps sur les questions, elle les écrivait au tableau avec nos réponses et ensuite elle effaçait les trucs faux et on devait, aussi, dessiner ce qu'on répondait. C'était ennuyeux ! L'année d'avant, j'avais fait chorale, ça j'aimais beaucoup !

Le vendredi, on avait « En scène », c'est des rythmes que tu fais avec ton corps et tes mains en te tapant le torse en rythme. J'aime bien.

J'avais bien réfléchi et avec mes copines on s'était toutes mises d'accord pour choisir la boxe ! C'était trop bien, on était sur un ring, un vrai et on sautait en l'air, les garçons nous envoyaient des gros sacs et on devait frapper dedans. Comme ça, j'ai un peu appris à me battre et je pourrai me défendre ! Maman était tout à fait d'accord. Elle dit toujours que les femmes doivent savoir frapper aussi bien et même mieux que les hommes. Et elle aussi, un jour, elle apprendra la boxe !

CHAPITRE XXI

Le Patron

Souvent, après l'incendie, Craï et Romina retournaient au campement de Saint-Denis y saluer des amis et prendre des nouvelles, mais, rapidement, survint une nouvelle embrouille, qu'Amadora racontait, tremblante d'indignation.

« Chetza, la Dame grosse, tu la connais, Dominique, c'est celle qui nous a réveillés quand il y a eu le feu. Bon, elle, son mari et son fils, ils ont parlé au Patron, ils lui ont dit que Papa avait vendu notre ancien emplacement à des Gitans français, alors que c'est faux ! Et la Dame grosse a téléphoné à la police pour qu'elle chasse les Français, je crois, ou bien… enfin, ça, je ne sais pas vraiment, mais son mari a voulu frapper mon père. Ils disaient qu'il avait fait l'incendie pour aller à l'hôtel où on est, et pour avoir de l'argent en vendant notre terrain et que, maintenant, il s'en moquait du campement. Alors que c'est pas vrai du tout ! Nous, on est dans cet hôtel depuis longtemps et on passait les week-ends sur le terrain pour que nous, les enfants, on puisse jouer et courir, parce qu'à l'hôtel, on est enfermés et tout serrés dans notre pièce. Mes parents disent que c'est injuste, parce que quand la Dame grosse était dans la rue avec sa famille, ils lui ont dit de venir vivre sur le camp et que mon père leur avait trouvé un bon emplacement.

Et puis le Patron a demandé des explications, il est très fâché, il croit la Dame grosse, il croit que mon papa a vendu le bout de terrain à ces Manouches, mais, si mon père avait voulu, il aurait pu le faire bien avant. Mon père a parlé au Patron :

“Tu me crois moi, qui ai fait la sécurité cinq ans ici, sans un ennui, sans un vol, ou tu les crois eux ? Qui est menteur ?”

Mon papa est très triste, parce qu'il aime beaucoup ce monsieur, le Patron, qui lui faisait confiance et lui avait même promis qu'il lui ferait faire la sécurité sur ses chantiers. Il a fait beaucoup pour nous. C'est très dur, on a habité là si longtemps. Mais, là, tout le monde s'est disputé, sur le campement. Mon oncle Gradi a voulu frapper le mari de la Dame grosse, mais Maman l'a empêché, elle les a séparés.

Maintenant, Dominique, je te demande si tu peux appeler le Patron pour lui dire que mon père n'est pas un menteur et qu'il l'a toujours respecté. Et Maman, elle t'en supplie aussi, parce qu'elle ne saura pas lui expliquer, mais toi, qui es française, il te croira… Quand tu lui téléphoneras, dis-lui que c'est de la part de Craï, le père de Sarko ! »

J'ai obéi à Amadora, le soir même j'ai appelé le Patron, j'ai commencé à lui expliquer, il m'a raccroché au nez. Je lui ai laissé des messages, il ne m'a jamais rappelée.

« Tant pis, a amèrement conclu Romina. Saint-Denis, pour nous, c'est vraiment fini. »

Tout aussi fini était le rôle de « chef de camp » tenu par Craï pendant presque cinq ans et envolée la promesse du Patron de lui donner un travail dans la sécurité sur ses chantiers.

La vie à l'hôtel continuait. Grâce à son assistante sociale de Stains qui l'avait dirigée vers une collègue parisienne, Romina avait été transférée à la régie de quartier du XIIe. Elle nettoyait les immeubles d'une cité à Michel-Bizot.

Désormais, ils étaient sept dans la même pièce, en comptant Persida, la sœur de Craï, qu'il avait fait venir de Roumanie. Arrivée pile le lendemain de l'incendie, elle avait donc dû quitter le campement, aussitôt. Elle avait emménagé dans la chambre familiale, mais en cachette, car chacun sait qu'il est interdit, en hôtel social, de loger une personne supplémentaire.

Persida est une jeune brune, timide et jolie, qui sourit tout le temps et est un peu sourde. Au village, près de Cluj-Napoca, elle vit chez sa mère, qui est aussi celle de Craï, seule avec sa petite fille, atteinte d'un mal aussi mystérieux que difficile et cher à soigner. En tout cas, il fallait, à Persida, un travail. Pourquoi pas en France ?

Romina pensait lui en avoir trouvé un chez une dame, une docteur, rencontrée en nettoyant son immeuble à Stains et qui cherchait quelqu'un pour faire son ménage. Quelques heures par semaine à 9 euros et au noir. C'est peu. Mais mieux que rien en Roumanie. Et Persida n'avait pas d'autre solution pour payer les frais médicaux de sa fille, dont elle présentait sans cesse les photos sur son téléphone.

Amadora adore cette cousine, comme elle adore tous ses innombrables cousins :

« Regarde comme elle est belle, elle a 5 ans, elle s'appelle Crina ! La seule chose dommage, c'est qu'elle ne sait pas bien danser, elle remue juste ses épaules, je crois que c'est parce qu'elle est un peu grosse. »

La photo montrait que le poids n'était pas la seule raison de cette gaucherie, car il se lisait sur le visage de la petite cousine des signes de désordres étranges.

Persida, elle-même, n'a jamais guéri de sa surdité causée par un accident survenu à ses 17 mois. Ses parents couraient, alors, la campagne, en tirant un chariot, ramassant du bois avec lequel ils fabriquaient des balais qui serviraient « à chasser l'eau ». Ils les vendaient de ville en ville, leur fillette juchée sur le tas de bois, au sommet de la charrette. L'attelage avait versé, Persida était tombée sur la tête, ses oreilles avaient subi un fameux choc et depuis elle entend très mal. Ses parents n'ont jamais pu la faire soigner en Roumanie et elle espérait qu'ici elle pourrait, peut-être, se faire examiner et, qui sait, guérir. En attendant les soins et les ménages promis par la docteur, elle gardait les enfants de Craï et Romina.

Mais, après quelques jours, l'adjoint du gérant de l'hôtel avait toqué à la porte, il disait devoir vérifier la peinture des barreaux de fenêtres. Amadora avait, tout de suite, compris qu'en fait, il contrôlait si Persida vivait là. Il avait demandé qui elle était et Amadora lui avait répondu avec son aplomb habituel :

« Elle nous garde, nos parents ne sont pas là, ah non, non, non, elle dort pas là…

– C'est bien, avait approuvé l'adjoint, car il est absolument interdit de laisser les enfants seuls ! Mais attention, les visites ne sont pas autorisées au-delà de 20 heures ! »

Amadora en était affolée :

« Je crois qu'il a compris qu'elle dort là, dans le lit avec Craï-Abel et moi. Qu'est-ce qui va se passer pour nous ? Ils peuvent nous chasser ? »

Persida rongeait ses ongles déjà ras :

« Je ne veux pas faire des problèmes. »

Elles avaient raison. Deux jours plus tard, le gérant avait prévenu Romina :

« C'est illégal, elle ne peut pas rester là, elle doit partir !

– Comment elle va faire ? Elle n'a pas où dormir ! » avait dit Romina.

Le gérant avait répondu qu'il fallait appeler le 115 pour une chambre. Mais au 115, personne n'avait répondu.

Persida avait dû retourner en Roumanie, sans avoir jamais eu de nouvelles du travail de la docteur. Au printemps, elle était partie en Allemagne ramasser les radis. Il lui faut 35 bottes pour avoir 2 euros. Elle parvient à gagner 500 euros dans le mois, ou plutôt 400, quand elle a payé sa chambre. L'année d'avant, en trois mois de radis et salades, Persida avait récolté 1 600 euros.

CHAPITRE XXII

À l'ombre

Après deux ans de fréquentation assidue, nous avions noué des liens permettant de parler de tout, ou à peu près, sans gêne. Il était temps d'aborder avec Craï et Romina le sujet bouillant de la délinquance des Roms. Je voulais savoir ce qu'ils en avaient connu et ce qu'ils avaient à en dire. Aussitôt, Romina a dépeint la mauvaise image de son peuple en France, qui lui faisait mal au cœur.

« Beaucoup de fois, je regarde à la télé des émissions où on montre les voleurs roumains ou les sivouplé. Après les journalistes ils montrent leurs maisons en Roumanie, très belles, très grandes. Ils les font construire, ils ont beaucoup d'argent. On les voit sur Internet, dans leurs palais, on dirait des rois ! Et je me dis qu'après les gens, dans la rue, ils ne donnent pas aux sivouplé, parce qu'ils pensent que les Roumains et les Roms sont tous des voleurs. C'est vrai, il y en a, mais ils ne viennent pas de chez nous à Cluj-Napoca, ils viennent de Bucarest, où il n'y a que des voleurs, ou en tout cas beaucoup. Des gens qui volent, oui, j'en connais, ils volent quand le sivouplé ne donne rien et qu'ils trouvent rien dans les poubelles. Mais voler, ça amène beaucoup de problèmes, ça amène la prison. Avec mon mari, on en parle souvent et on se dit qu'on préfère même les poubelles, mais voler, ça jamais ! »

Craï qui écoutait sans rien dire, et sans tout saisir, avait quand même capté le principal et il a explosé d'une gaieté bruyante :

« Ah ah ah ! Dans la famille du père de Romina, pas de voleurs du tout ! Mais chez sa mère, beaucoup, beaucoup de voleurs ! Et dans celle de mon papa aussi, pas chez ma maman ! »

Ils m'ont alors livré un véritable feuilleton pénitentiaire. Car, nombreux sont ceux qui – dans leur famille, leurs amis, leur entourage, en France, en Italie ou en Roumanie – ont connu l'aventure judiciaire. Assise près de nous, Amadora écoutait, captivée. Elle adore ces récits et savait qu'à un moment ou à un autre elle allait devoir traduire et me faire bien comprendre tout ce que les aléas de cette vie familiale avaient de passionnant.

Il fallait, bien sûr, commencer par son père. Lui-même héros d'une de ces mésaventures, au temps où ils étaient à Naples et vendaient des babioles sur les marchés.

« Direct, la police lui saute dessus, rapporte Amadora, et l'emmène au commissariat. Les policiers lui ont montré le film d'une caméra de surveillance. Et là, mon papa a cru s'évanouir ! Les images le montraient lui en train de tuer quelqu'un à coups de couteau.

Il répétait aux policiers :

"Non, monsieur, c'est pas moi, je le jure, c'est pas moi, non pas moi !"

Et eux, ils criaient :

"Si c'est toi, c'est toi !"

Et lui, il répondait :

"Moi pas scandale, moi pas méchant, moi roumain."

Il a donné son passeport, mais les policiers ont dit qu'il était faux, falsifié. Et le tueur lui ressemblait tellement qu'au bout de quatre ou cinq heures, mon papa était tout perdu, il devenait fou, il se disait même :

"Mon Dieu, comment j'ai pu faire ça ? Une chose si horrible !"

Il se croyait dans un film. Et puis, le grand commissaire est venu, il lui a pris ses empreintes, son ADN et, au bout de longtemps, il est revenu et il lui a dit, en voyant qu'il était tellement énervé :

"Tranquille, tranquille, bois un verre d'eau. C'est pas toi le criminel, c'est un Marocain, on l'a retrouvé !"

Il a dit à mon père que même eux, les policiers, n'avaient jamais vu une ressemblance pareille, que ça arrivait une fois sur un million, peut-être. Ils se sont excusés et ils lui ont dit qu'il pouvait partir. Mon papa était tellement perdu qu'il est resté au moins une heure à tourner dans le commissariat. Il trouvait plus la sortie et un policier a dû lui montrer où était la porte. Il dit que quand il est rentré à la maison où on l'attendait, Maman et moi, il ressemblait à une poule cuite ! »

Craï s'en était donc sorti, entièrement blanchi.

Ça n'avait pas été le cas de son copain, au visage taillé à la serpe. Je l'avais rencontré sur le campement de Saint-Denis, où il avait débarqué, à peine sorti de cellule, salué par les hourras joyeux de sa fille.

« Mon papa était en prison, ça fait un an qu'on l'a pas vu, je suis si fière qu'il soit sorti ! » répétait la petite.

Son père l'avait embrassée, serrée contre lui, et, voyant qu'elle pleurait, il l'avait sermonnée :

« Ici, pas de place pour les larmes ! Il faut être fort et se battre dans la vie ! »

À la suite de quoi, il avait fait le tour des copains, dévoilant, bravache, le bracelet électronique accroché à sa cheville, qui l'obligeait à rentrer, chaque soir, pendant six mois, au centre de semi-liberté. De temps à autre, il passait la tête dans la caravane, de plus en plus rouge, de plus en plus volubile. Les deux petites en pleuraient de rire :

« Avant, ici, il était le seul adulte à parler français, pour nous, il était le dieu du français, mais regarde-le : il est ivre, il est bourré ! On dirait qu'il parle une langue d'extraterrestres ! »

Le revenant leur lançait un œil mauvais et s'éloignait en pestant.

« Qu'est ce qu'il a fait pour prendre dix-huit mois de prison ? » avais-je demandé, curieuse, à Romina.

Elle avait rougi, détourné les yeux et marmonné :

« Je sais pas, le permis de conduire je crois… »

À l'époque, nous ne nous connaissions pas bien, je n'avais pas insisté, même si je devinais qu'elle mentait. Plus tard, nous en avions reparlé et je lui avais rappelé sa réponse d'alors :

« Tu m'as prise pour une idiote hein, à me dire “c'est pour le permis de conduire”… »

Craï s'était marré :

« Oui, oui, lui c'est comme ça, toujours des bêtises… moi je lui dis tout le temps : “Attention, attention, tu vas revoir la prison, si tu continues…” Mais je crois qu'il écoute pas… »

Une autre fois, en 2016, à l'anniversaire de Romina, fêté à l'hôtel social avec un immense gâteau en forme de cœur, glacé de rouge et parsemé de bonbons argentés, Gradi, le frère de Craï, avait exposé la situation d'un autre de leurs amis, condamné – deux ou trois fois, peut-être quatre, les frères ne savaient plus trop au juste – pour avoir conduit ivre, sans permis ni assurance.

Incorrigible, apparemment, il avait fini par causer un grave accident avec au moins un blessé.

« Il fait sa prison, deux ans, je crois, relatait Gradi, et après, il sera expulsé de France. C'est pas normal ça, il a sa famille ici… »

Eh bien, avais-je dit, les juges ne plaisantent pas avec ceux qui prennent le volant après avoir bu, surtout quand il y a des blessés et que le chauffard a reçu déjà plusieurs avertissements de la justice. Les femmes avaient bruyamment approuvé :

« Il est trop dangereux ! C'est bien fait pour lui ! Il peut tuer quelqu'un ! » « Il est méchant ! »

Et finalement Craï et Gradi avaient conclu que oui, c'était peut-être « bien normal ».

La tournée familiale et amicale des prisons françaises ou roumaines était loin d'être achevée.

Ainsi des malheurs d'une des cousines de Craï, qui se comptent, semble-t-il, par dizaines. Il rentrait, justement, d'une visite chez cette dernière, dans un hôtel social de Châtillon-Montrouge où elle vivait seule avec ses trois enfants, car son mari était en prison, pas loin de Paris. Mais où exactement, Craï l'ignorait. En tout cas, ce mari avait abandonné son épouse pour une autre femme :

« Une pauvre marmouzelle arabe malade, un peu folle et même très retardée et débile », racontait Craï, avant qu'Amadora ne prenne le relais.

Ce cousin faisait des allers-retours entre son épouse et sa nouvelle conquête, mais la famille de la marmouzelle avait fini par déposer plainte contre lui, l'accusant de profiter d'elle, de son argent et de sa faiblesse et il s'était enfui en Roumanie. Un ou deux ans de cavale plus tard, il était de retour en France, auprès de sa famille avec qui il vivait à nouveau, se pensant bien tranquille, jusqu'à ce que la police l'attrape et l'expédie en cellule. Il y était depuis un an, attendant d'être jugé. Mais il s'était passé encore autre chose ! Le propre frère de cette marmouzelle faisait lui aussi l'amour avec elle et ils avaient eu ensemble deux enfants. Et, lui aussi avait donc été envoyé en prison. Seraient-ils jugés ensemble ? Craï et Romina n'en savaient rien et ne voulaient rien en savoir.

En tout cas, la cousine vivait seule, très malheureuse. Sans travail et sans argent pour élever ses enfants. La journée, elle faisait la sivouplé et fouillait les poubelles. Elle allait aussi dans les bois, pas loin, ou alors c'était un grand parc, où elle cueillait des fleurs qu'elle vendait dans la rue ou sur les marchés.

« Elle n'a pas eu beaucoup de chance ! » avait commenté Amadora, toujours perspicace.

Pas de chance non plus pour Romi, un des frères de Romina qui, en 1996, à ses 14 ans, zonait avec trois amis, tout aussi jeunes que lui, quand ils furent abordés par un homme, « un pédophile », traduisait Amadora, imperturbable. Il leur a montré sa valise, elle était pleine de billets, l'équivalent d'au moins 100 000 euros :

« Venez chez moi, leur a dit le pédophile, je vous donnerai l'argent. »

Ils sont venus à son appartement et il les a touchés. Sûrement, il voulait les violer. Le frère et ses amis l'ont frappé, très fort et très longtemps.

« Il a mouru, a tenté Craï.

– Mais non, Papa, on dit : il est mort ! » corrigeait Amadora.

Mort ou mouru, peu importe, les gamins avaient fauché l'argent du pédophile et étaient rentrés chez eux ; six mois plus tard, la police les avait retrouvés. Ils sont allés en prison, dans une prison pour enfants jusqu'à leurs 18 ans et après encore cinq années chez les adultes. Romi est resté deux ans dehors avant d'y retourner. Pour vol.

« Il a fait beaucoup de bêtises, mais il est gentil, assurait Romina, il a 34 ans maintenant, il est marié et il travaille dans le bâtiment à Cluj, mais il va partir à l'étranger pour gagner plus d'argent.

– Ah oui, s'esclaffait Craï, il a décidé d'aller en Espagne ou en Italie, il ne sait pas encore où. Mais pourquoi, ça, il sait ! Il va rejoindre une bande de voleurs… »

Romina avait haussé les épaules et regardé ailleurs, avant d'en venir à Sorin, un autre de ses frères. Il vivait avec une femme « très gentille », avait deux enfants, du travail, et jamais aucun problème, avant que Romi, tout juste sorti de taule, lui propose une affaire :

« Allez, viens, on va se faire beaucoup d'argent… »

Le plan de Romi était simple. Avec son frère, ils voleraient du cuivre, de la ferraille ou des câbles qu'ils revendraient ensuite. Sorin connaissait un tas de monde à qui fourguer le butin. Un super coup vraiment et tellement original ! Il avait valu à Sorin presque trois ans ferme, et un peu plus à Romi, le récidiviste.

Maintenant, tout allait bien pour Sorin, qui s'est marié à l'église et à la mairie. Sa femme et lui vivaient déjà ensemble depuis sept ans et ce fut une fameuse fête, filmée par Romina sur son téléphone. On y voyait toute sa famille, pour une fois réunie. Seule des enfants à y participer, en tant qu'aînée, Amadora s'était mis du bleu sur les paupières et du rouge à lèvres. On aurait dit une jeune femme. Craï arborait un costume blanc, Romina une robe brodée de fils dorés et des mules noir et or. Ils dansaient, tous les deux, enlacés, amoureux. L'image, langoureuse, faisait rougir Romina et elle était vite passée au film suivant où s'alignaient ses quatre nièces, filles de sa grande sœur, radieuses, dans les mêmes robes cramoisies.

Le mariage de Sorin allait, en plus du bonheur, donner à son épouse l'assurance maladie qu'elle n'avait pas jusque-là. Ce qui lui avait causé beaucoup de dépenses, quand elle avait eu ses enfants, entre les examens, les accouchements à l'hôpital et les très onéreuses échographies.

« Moi, disait Romina, je n'ai jamais fait d'examen et pas d'échographie non plus, quand j'attendais mes enfants ! Ah bah, non, c'est trop cher ! En France je n'avais pas encore la Vitale et en Roumanie il fallait payer… »

Quant aux oncles de Craï, les frères de sa mère, ils exerçaient le métier de voleurs de bétail pour le compte d'un « patron » italien qui achetait des chevaux roumains.

Comme au Far West, alors ?

« Oui, rigolait Craï, mes oncles en ont volé beaucoup et aussi des vaches grandes et petites, et des porcs. La police les a cherchés partout pendant six ans, ils se cachaient. Et puis, ils les ont trouvés… »

Ils ont pris cinq ans ferme.

Évidemment, en Roumanie, avec un SMIC à 322 euros et un salaire mensuel moyen de 425 euros, il est un peu normal que certains en viennent à voler, m'ont fait observer les parents d'Amadora.

« Et il n'y a même pas de tickets-restaurants », a précisé Romina, qui continue d'être éblouie par les siens.

Oui, un peu normal… Le père de Craï – qui a dû arrêter de travailler à cause de ses graves maladies – le cœur et le diabète – touche environ 170 euros par mois de retraite, à quoi s'ajoutent quelques rares aides et ils sont dix à vivre dessus. Amadora comptait sur ses doigts les habitants de la maison de ses grands-parents :

Il y a Persida et sa fille, un frère de Craï – qui est hémophile – et sa femme, qui ont eu un garçon en bonne santé. Et aussi une sœur, la grande qui, en trois mariages, a eu trois fils et une fille. Deux garçons de 15 et 12 ans, ils sont hémophiles tous les deux. Les deux plus jeunes ont 8 ans, des jumeaux ».

La fille, ça va, elle est très intelligente, le garçon aussi est intelligent, mais il est né à moitié paralysé, avec les doigts tordus et les jambes aussi. Il ne peut rien faire seul, même pas aller aux toilettes et il va dans une école spéciale, où l'accompagne, chaque jour, sa mère qui reste avec lui du matin au soir. »

Tous les mois, donc, et dès qu'ils le peuvent, Craï et Romina envoient à leur famille des babioles sorties des poubelles, de l'argent, du sucre, du café et des vêtements achetés sur le grand marché de Montreuil, où Romina se rend chaque semaine faire les courses :

« Là, c'est beaucoup pas cher, les choses elles coûtent la moitié d'ici à Paris. Je te donne un exemple avec un kilo de tomates. Ici, c'est 2 ou 3 euros, mais à Montreuil, c'est 1,30 euro les deux kilos ! »

Et tandis que j'observais Amadora, qui continuait de traduire, d'acquiescer et de glousser à ces épatantes chroniques familiales, je fus prise d'un énorme fou rire. J'imaginais la même scène chez moi ou chez mes amis, où rien qu'une seule de ces anecdotes se serait transformée en événement bouleversant et terrifiant, nécessitant, sans aucun doute, l'intervention de « quelqu'un ». Psychologue ou thérapeute. Je songeais que personne ne se serait avisé d'en raconter le dixième devant une fillette de 11 ans, et encore moins de le lui faire traduire. Pour mille raisons, dispensées à longueur de colonnes par les meilleurs spécialistes de l'enfance. La crainte de lui coller de mauvaises idées en tête ou de lui donner le mauvais exemple, ou parce que, ces choses-là, il ne faut pas en parler devant les enfants. Me voir rire leur a fait très plaisir, ils en étaient flattés, surtout Amadora :

« Elles sont bien les histoires de ma famille, hein Dominique ! Je les adore ! »

CHAPITRE XXIII

Le voyage d'Amadora

À l'automne 2016, juste après la rentrée des classes, l'école avait demandé aux parents leur accord pour une virée de dix jours en classe de découverte. Craï et Romina avaient signé. Amadora était survoltée :

« Je vais partir en classe de découverte ! Mes parents sont d'accord et, avec mes copines, on a déjà choisi dans quelle chambre on va ! Je suis trop contente, je danse tellement je suis contente. Je sais que ma maman est très triste, elle n'aime pas du tout quand je ne suis pas là. Une fois, Dominique a demandé si je pouvais dormir chez elle, comme ça on aurait fait mes devoirs et on aurait travaillé pour notre livre. Mais maman a dit non tout de suite. Là, je pars dix jours, elle dit qu'elle a peur pour moi, mais, heureusement, elle a dit oui et elle l'a fait marquer par Dominique dans mon carnet de correspondance. C'est la première fois que je quitte ma famille si longtemps, sauf quand j'étais petite et que je suis restée en Roumanie chez ma grand-mère, pendant que mes parents étaient partis en France avec Craï-Abel, mais je ne m'en souviens plus. Oh là là, la liste des choses qu'il faut emporter, c'est énorme ! Et je n'avais pas tout ce qu'il fallait. Dominique m'a prêté ses bottes en caoutchouc toutes neuves ou presque et elle m'a emmenée faire les courses. On a acheté plein de trucs, en suivant bien le papier de l'école. Un grand gilet blanc, un blouson imperméable, des chaussettes, des chaussons. C'était bien ! Elle m'a prêté aussi sa valise, nous on n'en a pas. Quand on part en Roumanie on met tout dans des grands sacs rayés bleu et blanc. On a rempli la valise, elle était vraiment pleine, on pouvait presque pas la fermer.

Avec mes parents, je l'ai apportée à l'école, très tôt le matin, et mes copines aussi, parce que les valises partent avant nous. »

Pendant le voyage d'Amadora, je suis souvent passée voir Romina et les enfants. C'était lugubre. Romina parcourait leur pièce unique et désertée par sa fille. Elle avait les larmes aux yeux en ne posant que cinq assiettes au lieu de six sur la table, et les petits fixaient, désolés, la place vide de leur sœur. À l'absence s'ajoutait l'interdiction formelle de téléphoner pendant les expéditions scolaires et Romina m'avait expliqué qu'il lui serait impossible de tenir dix jours sans parler à sa fille. Aussi, avait-elle caché, dans une paire de chaussettes, un portable muni d'« une Sim » dûment chargée d'unités. Elle avait sermonné Amadora, lui recommandant de l'appeler chaque jour, en secret. Bravant la consigne de l'école, Amadora a téléphoné quelquefois, sachant que sa mère « ne supporterait pas de vivre sans ça ». Elle envoyait des cartes, crayonnées de plusieurs couleurs pour dire qu'elle s'amusait et que tout était « super ». Mais Romina rabâchait sa nostalgie, en même temps que ses enfants qui réclamaient leur sœur en piaillant son nom « Amadora », comme pour la faire revenir plus vite. Et, dès que je venais à l'hôtel, nous prenions de ses nouvelles, avec mon téléphone, sur le site dédié à la classe nature.

Je l'avais, maintes fois, observé dans cette famille, l'un n'allait jamais sans les autres, ils avançaient groupés. Et lorsque, fait rare, l'un d'eux s'éloignait pour une activité individuelle, le visage des « délaissés » s'assombrissait, quasiment jusqu'au désespoir.

Je me souvenais qu'en août 2015, chargé de présents sortis « des poubelles de France », Craï était parti en Roumanie voir ses parents et sa nombreuse famille. Il était monté à bord d'un « taxi rom », une grosse bagnole qui faisait le tour des campements, ramassant sur son passage les candidats au retour. Certes, le prix de 100 euros était modique, s'il ne fallait y ajouter les « retenues » des douaniers roumains. En général, deux cartouches de cigarettes et 50 euros par passager…

Et, dès le départ de son père, Sarko – il avait 4 ans – décrétait être désormais « l'homme de la maison » et, majestueux, il avait prévenu sa mère et ses sœurs :

« Je vous épouserai toutes ! »

Mais au bout de deux jours, l'absence de son père l'avait fait sombrer dans une sorte de mélancolie. Il en était physiquement malade. Il maigrissait, ne mangeait rien, avait mal au ventre. Lui d'ordinaire si turbulent se terrait dans un coin, telle une bestiole blessée, sans dire un mot. Il n'était sorti de sa prostration qu'au retour de son père qu'il avait accueilli avec des hurlements de liesse.

Et un samedi, où Romina et Coco étaient reparties de chez moi, après y avoir laissé Amadora, pour qu'elle fasse ses devoirs, le téléphone avait sonné au bout de dix minutes. Des vagissements couvraient la voix de Romina, Coco réclamait « Amadora », Romina criait pour se faire entendre.

« Je suis tout près, mais je sais pas la rue, se désolait-elle, il faut venir, Coco est comme une folle ! »

Nous avions tout laissé en plan, pour les retrouver. Amadora était rentrée avec elles.

Mais cette classe de découverte, c'était bien pire, et la séparation leur paraissait aussi longue qu'une année.

« Non, me disait Romina, Amadora me manque pas pour le ménage ou pour garder les enfants quand Craï et moi on n'est pas là. Je suis triste parce que je n'aime pas être sans elle, je n'aime pas que la famille est séparée comme ça. »

Juste avant le départ, ils avaient été saisis un moment par un espoir sournois, car Amadora avait bien failli ne jamais monter dans le car et rater le voyage. Elle en avait été bouleversée :

« Il s'est passé une chose terrible, qui m'a fait beaucoup pleurer. La directrice, elle a téléphoné à ma mère et elle a dit que je ne pouvais pas aller en classe de découverte, parce que je n'avais pas l'assurance scolaire. Maman lui a dit que c'était impossible et je savais qu'elle avait raison, parce que c'est Dominique qui avait rempli nos papiers d'assurance, en septembre, pour mes frères, Coco et moi. On l'avait fait tous ensemble, ça nous a pris un après-midi entier. On s'embrouillait dans tous les numéros qu'il fallait taper sur le téléphone. Mais à la fin on y était arrivés et Dominique, elle avait payé avec sa carte. Alors, Maman répétait que tous on était bien assurés, qu'elle en était sûre. Mais la directrice répétait que non.

Si je ne pars pas, je vais être trop malheureuse, je vais pleurer sans m'arrêter, toutes mes amies y vont, je vous en supplie de faire quelque chose ! En plus je n'ai même plus ma valise, elle est déjà à la classe de découverte avec toutes les autres de l'école. Maman m'a dit d'arrêter de pleurer et qu'elle allait appeler Dominique pour régler le problème, sûrement qu'elle avait gardé les attestations. Mais, j'ai encore pleuré, j'ai dit que Dominique n'était pas à Paris, qu'elle était en vacances. Comment on allait faire ? Ma mère a décidé d'aller voir la directrice avec moi pour lui expliquer.

Dans son bureau elle lui a demandé de téléphoner à Dominique :

“C'est une journaliste française, elle a dit, et elle est de ma famille.”

La directrice, ça l'a fait rire :

“Comment une Française peut être de la même famille qu'une Roumaine ?” elle a demandé.

Avec Maman, on lui a expliqué que c'était très normal, puisque Dominique est comme de notre famille et qu'elle allait tout arranger, vu qu'elle avait payé les assurances sur l'Internet de son téléphone. La directrice a été vraiment très gentille, elle a dit qu'elle ferait tout pour nous aider et qu'elle allait appeler Dominique.

Et voilà, ça y est, la directrice lui a téléphoné. On s'était trompés en payant, il paraît qu'on n'était pas allés au bout du questionnaire ou quelque chose comme ça. Dominique m'a dit de ne pas m'en faire, qu'elle allait régler l'histoire avec la directrice. Et puis le soir, elle a rappelé, ça y était, on avait tous l'assurance, surtout moi, et je pouvais aller en classe de découverte. J'ai eu trop trop peur, même ma maîtresse disait que ça serait pas possible que je parte ! Je pensais à toutes mes amies qui allaient monter dans le bus sans moi… Mais le papier de mon assurance était arrivé dans le bureau de la directrice, juste à temps. Ouf, on partait le jour d'après ! »

Tandis que, chez elle, de Coco à Romina, tous se lamentaient de son absence, Amadora s'était amusée de tout, de mille choses. Comme elle l'a raconté, à son retour.

« Le voyage en car était très long, mais on a ri, on a chanté. C'était très beau, où on était ! Tiens regardez les photos, on les voit sur le site de l'école ! Maman, désolée, je n'ai pas pu t'appeler beaucoup, mais un peu quand même. C'était difficile, il fallait que je me cache. Et vous savez, dans nos chambres, on était sept ou huit, on faisait semblant de dormir pour que les animateurs croient que tout était tranquille. Et puis, on relevait la tête, quelqu'un disait tout bas "ça va il y a plus personne" et on se relevait, on faisait les folles ! On a fait la fête, il y avait de la musique, on a mis des paillettes, on s'est maquillées et on a dansé. On se couchait tard. On était trop contentes ! Et le matin à 7 heures, on se levait ! »

Pas trop de détails, mais les marches en montagne étaient « super », les cours, le matin et l'après-midi étaient « super », tout enfin était « super ». Et Amadora trouvait « bien bêtes » ceux des enfants qui n'avaient pas voulu partir, prétextant, selon elle, qu'ils seraient « mieux chez eux, sans rien faire, sans école ». Ils avaient loupé des moments extraordinaires. Jusqu'à ce voyage du retour, en zigzag sur les routes de montagne, qu'elle ne risquait pas d'oublier !

« Ça tournait, ça tournait, et dans le car, c'était une catastrophe, une fille elle a commencé à vomir, elle a pas eu le temps d'attraper son sac à vomi, il y en avait partout, c'était dégoûtant et ça m'a fait vomir et presque tout le monde dans le car a vomi aussi. Après, ça sentait très mauvais, même si on a essayé de nettoyer. J'espère que je partirai encore en classe de découverte ! C'est bizarre, sans ma famille, je n'étais pas triste, j'ai adoré ça ! »

Cette déclaration, quasi effrayante, sa mère l'a accueillie avec la gravité qu'il sied, puis elle a applaudi. De toute façon, rien ne pouvait gâcher sa joie. « Ma Amadora est rentrée ! »

CHAPITRE XXIV

La Dame vieille

« Tu te souviens, Dominique, de Baba, la Dame vieille ? Oui, la grand-mère, celle qui gardait tous les enfants du campement à Saint-Denis et qui avait son mari à l'hôpital pendant si longtemps et qui est mort à la fin. Tu as souvent parlé avec elle, elle t'avait raconté que son mari avait une grosse tumeur ou autre chose au cerveau, et qu'en France, grâce aux assistantes sociales et aux médecins, il était bien soigné, même si elle et lui ne comprenaient rien, sauf quand Amadora venait avec elle à l'hôpital. Et même si, maintenant, son mari, il est mort. »

J'ai interrompu Romina, oui je m'en souvenais très bien, elle portait, la première fois que je l'ai vue, un t-shirt de la Fête de l'Huma, au-dessus d'un bric-à-brac de tuniques, de jupes, usées et de toutes les couleurs. Amadora me l'avait présentée comme sa « grand-mère », qu'elle accompagnait, en tant que traductrice, à l'hôpital voir son mari.

« Ce n'est pas vraiment ma grand-mère, et même pas du tout, avait précisé Amadora. En fait c'est une dame très gentille, qui est notre grand-mère à nous tous, les enfants du campement, et qui nous surveille quand les parents ne sont pas là ! »

Tout s'était éclairé ! Combien de fois avais-je entendu, lors d'audiences correctionnelles, des magistrats gouailleurs qui s'exclamaient :

« Ah mais bien sûr ! Encore une fois, la prévenue nous refait le coup de la fameuse grand-mère ! À se demander combien de grands-mères roms vivent sur notre territoire ! »

C'était là la preuve flagrante de leur ignorance, il y a bien de véritables « Dames vieilles », qui, sur les campements, font office de « grands-mères ».

« La Dame vieille, a repris Romina, elle s'appelle Sofica, je l'appelle Baba. Je l'aime beaucoup. Maintenant, elle vit encore sur le campement à Saint-Denis, hier, je suis allée la voir. Mon Dieu, comme tout a changé ! Le terrain vide à côté du camp, il est plein de caravanes et de baraques, il y en a partout, partout, au moins trois cents ou quatre cents, et je ne connais plus personne, sauf Baba. C'est très sale, ça pue partout, ils sont trop nombreux ! C'était si joli et propre quand on y était.

Baba, maintenant, elle est toute seule et elle fait la sivouplé, tous les jours, près du Monoprix, de 10 heures à 17 heures. C'est Amadora qui lui a fait son carton : "Je suis pauvre, j'ai faim."

Et elle attend, avec sa Bible, oui, elle a toujours sa Bible avec elle, comme moi, et souvent, si elle n'a rien, elle mange dans les poubelles. L'autre jour, elle a ramassé 3,50 euros et deux sandwiches. Non, c'est pas beaucoup, mais elle dit :

"Pour moi ça va !"

L'autre jour, sa fille, une de ses filles, l'a appelée et lui a dit : "Moi, je veux bien que tu viennes vivre chez moi en Roumanie, mais mon mari, il ne veut pas. Il a dit : que ta mère vienne et je pars de suite !"

Cette fille, qui a quatre enfants, ne peut pas vivre sans son mari. La Dame vieille lui a répondu :

"Je ne viens pas, je me fiche de ma vie, si je meurs dans la rue, ce sera fait, ce sera comme ça !"

Je ne comprends pas ces filles, elles se fichent complètement de leur mère ! Elle qui fait la sivouplé et dépense beaucoup pour acheter des cartes Sim et leur téléphoner tous les jours, chaque fois que c'est possible. Elle dit toujours :

"Je préfère pas manger et acheter une Sim pour savoir comment vont mes enfants."

Elle est malade de partout, le diabète et d'autres choses encore.

Sa grande fille est venue en France quand son père est mort, son mari ne voulait même pas qu'elle vienne, il ne lui a pas donné l'argent du voyage, elle a dû demander à des gens. Et quand elle est rentrée, après deux semaines ici, son mari lui a fait des bagarres, il était très fâché. C'est méchant pour Baba qui est si gentille ! Nous, on a fait la collecte pour l'enterrement, le cercueil et les habits du mari, et on est allés au cimetière, à Villetaneuse.

Et puis, jeudi dernier, à Saint Denis, la caravane de la Dame vieille a brûlé, tout complètement. Oui, encore le feu ! Elle s'est réveillée à 6 heures du matin et c'était l'incendie. Elle n'a plus rien, sauf son papier de l'aide médicale, pour le médecin gratuit et sa carte d'identité qui sont toujours dans sa poche. Ses 100 euros, qu'elle avait cachés sous son matelas, ils ont brûlé. Oui, c'est très triste.

Et maintenant, je te raconte ce qui se passe avec la croix en bois de son mari. Avec son sivouplé, Baba a envoyé de l'argent en Roumanie pour acheter une grande croix en bois, qui a été amenée, ici, en France, par des Roms. Oui, elle l'a commandée en Roumanie, parce que, ici, elle ne savait pas où on en fabrique.

Quand elle a eu la croix, elle l'a mise dans sa baraque, mais Baba ne parle pas le français et elle a trouvé personne pour aller avec elle parler aux gens du cimetière, et poser la croix sur son mari. Elle a cherché, cherché et une autre

Dame vieille lui a dit : “Moi, je viens avec toi !” Mais cette femme boit beaucoup et elle a demandé de l’argent pour ça ! Et Baba n’a pas d’argent. Alors elle m’a dit :

“J’y vais à ce cimetière et là où il n’y a pas de croix, je pose la mienne.”

Moi, je lui ai répondu :

“Mais non, Baba, tu peux pas faire ça, tu vas la poser sur la tombe d’un autre !”

Et elle :

“Tant pis, c’est la vie !”

Elle est partie avec sa grande croix sur son dos au cimetière de Villetaneuse pour la mettre sur la tombe de son mari. Elle y était déjà allée avec la croix, mais le cimetière est si grand, beaucoup d’herbe avait poussé depuis l’enterrement et elle ne sait plus du tout où est son mari. Elle était perdue. Elle est rentrée.

Après deux jours, elle a repris le bus avec sa croix, elle n’avait pas de ticket et elle a eu une amende. Elle a marché dans le cimetière et puis elle s’est dit :

“Tant pis, je ne le retrouverai jamais.”

Alors elle a planté la croix n’importe où, puis elle a changé d’endroit et encore changé. Comme ça plusieurs fois. Elle marchait à travers le cimetière, dans tous les sens, sans trouver son mari. Le gardien est arrivé et l’a vue taper sur la croix avec une pierre

“Que fais-tu ? Tu es folle ?”

C’est ce qu’elle a compris, parce qu’il faisait un geste sur son front qui montrait qu’elle était folle. Elle lui a répondu en roumain, il ne comprenait rien, alors elle a répété :

“Mon mari, mon mari !”

Et il l’a laissée. »

À ce moment du récit de sa mère, Amadora s'est écroulée de rire, elle mimait la vieille en train de taper sur la croix de toutes ses forces pour l'enfoncer dans la terre et Romina s'est fâchée :

« Non, Amadora ! Ne ris pas comme ça, c'est pas drôle, au contraire ! Oh là là, Dominique ! Amadora n'arrête pas de rire avec cette histoire de croix ! »

Mais tous les enfants s'y sont mis. À frapper comme des dingues sur un bout de bois imaginaire. Romina a haussé les épaules et a continué :

« Pendant trois ans, la Dame vieille a été comme de notre famille, elle mangeait avec nous et, maintenant, la pauvre vit et dort dehors.

Je lui ai dit :

"Baba, comment tu feras quand il fera froid ?"

Elle a dit qu'elle s'en moque, que sa vie c'est comme ça. L'autre jour, je l'ai amenée ici, à l'hôtel, elle a mangé avec nous et les enfants, comme avant, elle s'est lavée, elle disait : "C'est bien ma fille pour toi, ici."

Je lui ai donné un peu d'argent et ça m'a fait pleurer quand le soir, vers 10 heures, elle a dû repartir. Hier, ses filles l'ont appelée, elles lui ont dit de rentrer en Roumanie, et qu'elle pourra habiter chez elles, mais elle ne sait pas ce qu'elle va faire, parce que, tous les jours, elle va à Villetaneuse surveiller si sa croix est toujours là. »

CHAPITRE XXV

Frédéric

Il faut que je vous parle de Frédéric, notre lapin noir et blanc. Il vivait avec nous sur le campement de Saint-Denis et après dans notre chambre à l'hôtel. Ah non, pas en cage, il se promenait partout ! Moi, j'ai horreur, mais vraiment horreur des animaux, même d'un bébé chien ! Je suis la seule de ma famille comme ça, mes frères et ma sœur les aiment beaucoup, mais moi j'ai peur d'eux. Chez Dominique, il y a un chat très grand, il paraît qu'il est gentil, mais quand je viens chez elle, je cherche d'abord où est le chat avant de bouger, j'ai trop peur de le voir. En Roumanie, chez ma grand-mère, une fois, il y avait une toute petite poule qui m'a couru après, je criais :

« Maman, maman, au secours, viens me sauver ! »

Tout le monde riait, mais pas moi, pas du tout. Mes parents ne comprennent pas, ils me disent que quand j'avais 3 ans, en Roumanie, Papa me mettait sur le dos d'un cheval et que j'adorais ça. Je ne m'en souviens pas et ça m'étonne vraiment… Et puis, sur un campement où on était quand Craï-Abel était petit, on avait deux hérissons, des bébés, tout tout petits, qu'un voisin nous avait donnés pour nous faire plaisir et je les aimais beaucoup. Mais il y a eu un gros problème, parce qu'avec mon frère, on leur donnait à manger sans arrêt, du pain et du pain et du pain. Et vous ne pouvez pas savoir ce qui est arrivé ! Les bébés hérissons sont devenus énormes, gros comme des ballons et ils ont explosé ! Vraiment explosé. Maman dit qu'il y en avait des morceaux partout, avec des bouts de pain. Elle a tout ramassé vite pour qu'on les voie pas, tellement c'était dégoûtant. Dominique a dit que c'est impossible, qu'elle n'a jamais entendu une histoire pareille de bébés hérissons explosés. Mais quand elle a demandé à ma mère, elle a bien compris que c'était vrai !

Bon, pour le lapin Frédéric, même s'il était drôle, il me faisait peur. Quand ma mère rentrait avec les courses, il fonçait sur ses paquets et il grignotait tout ce qu'il pouvait, même des chewing-gums. Il mangeait aussi les frites et le poulet que Coco ne voulait plus. Quoi ? Ça n'existe pas un lapin qui mange de la viande ? Eh ben si, ça existe, et c'est très possible, puisque Frédéric, il en mangeait ! Il faisait pipi et caca partout et ça sentait mauvais. En plus, quand il sortait de sous le lit où il se cachait, il venait sur nos jambes et il s'agitait dans tous les sens, ça faisait rire mon père, mais pas moi, du tout. Une nuit, il m'a un peu mordu le pied, pendant que je dormais, j'ai hurlé ! Alors, Frédéric, je le détestais ! Je voulais qu'il grille au barbecue ou qu'on le mette dans la rue. Oui, qu'on l'abandonne ! Mais Dominique a dit que c'était vraiment très méchant et elle m'a prévenue qu'elle allait mettre dans le livre que moi, Amadora, je ne voulais plus du lapin et qu'il allait mourir de faim ou écrasé. Elle m'a fait honte, moi je criais :

« Non, non, ne le dis pas dans le livre ! »

J'ai écrit des dizaines de fois, comme une punition :

« J'aime le lapin Frédéric et je ne veux pas qu'il parte. »

Bien sûr, c'était un mensonge. Bon, c'est fini, maintenant, Maman a trouvé une dame à son travail qui a pris Frédéric. Nous, on est bien débarrassés, Maman a un peu pleuré, elle l'aimait bien. J'ai demandé à Craï-Abel s'il pensait parfois à Frédéric, il m'a dit que oui, qu'il l'aimait et que le lapin lui manquait. Moi, ça m'a fait rigoler et Maman a dit que j'étais mauvaise.

CHAPITRE XXVI

Les bonnes amies de Jéhovah

Au temps du campement, chaque mercredi Romina avait la visite de deux femmes, Témoins de Jéhovah, qui tentaient par tous les moyens de s'attirer les bonnes grâces des habitants de ce petit coin roumain de Saint-Denis. Il paraît que pas mal de Roms ont été évangélisés, entre autres, par les Jéhovah. Craï et Romina, d'ailleurs, fréquentaient alors une église évangéliste, de Seine-Saint-Denis.

« Oui, maintenant, nous sommes évangélistes », m'avait confié Romina.

Pourquoi ? Elle n'en savait rien :

« Comme ça… »

Ces visites des Jéhovah avaient donné lieu à de nombreuses discussions et chamailleries entre elle et moi. Surtout quand elle me tenait des discours enflammés sur la foi et la grande bonté de ces deux visiteuses :

« Pourquoi tu te moques de ces deux femmes vieilles ? grondait-elle, elles sont très gentilles ! Oui, elles sont Témoins de Jéhovah et elles viennent nous voir au campement tous les mercredis, et elles aiment beaucoup Amadora. Elles lui font traduire des choses de leur bible. Une fois, elle a traduit pendant trois heures, c'est bien, c'est beau, ce sont des mots du Bon Dieu. Avec mon mari, notre porte est toujours ouverte pour ceux qui veulent et encore plus pour ceux qui apportent Dieu avec eux, ainsi faisait Jésus ! »

Chaque fois, je me récriais :

« Mais tu n'es pas Jésus, Romina ! »

Chaque fois, elle tenait bon :

« Oui, mais je fais comme lui et ces femmes sont très bien. Elles sont françaises et une parle roumain ! »

Après l'incendie, les deux bigotes n'ont pas lâché. Loin de là. Elles continuaient leurs visites du mercredi à l'hôtel social, pour la plus grande joie des parents d'Amadora.

« On est très contents qu'elles viennent nous voir encore ! Oui, Dominique, je sais, Amadora m'a dit, l'autre jour, tu étais seule avec elle et les enfants quand elles sont arrivées. Tu ris parce qu'elles enlèvent leurs chaussures pour entrer ? Non ? Tu ris à cause de leurs habits ? Ah elles t'ont embrassée ! C'est gentil, elles sont très gentilles ! Ah tu ris à cause des bêtises qu'elles racontent ? Ce sont pas des bêtises, c'est Dieu, Dominique ! Oui, oui, je sais, une autre Française m'a dit les mêmes choses sur ces Jéhovah, que ce sont des fous, mais nous, on les accueille avec plaisir. »

Nous en étions restées là, sans plus en reparler, jusqu'à ce que, subitement, Romina m'annonce qu'elle avait changé d'avis. Plus question que les deux Jéhovah reviennent. Voilà pourquoi :

« Dominique, tu avais un peu raison avec elles, et moi je suis très fâchée. Écoute ce qui s'est passé ! Tu te souviens, tous les mercredis, elles étaient là, à l'hôtel, elles parlaient tout le temps de Dieu, c'est très bien, mais moi, je rentre du travail, j'ai les quatre enfants et c'est encore beaucoup de travail. Et elles restaient là, à me regarder cuisiner et faire le ménage, et elles n'arrêtaient pas de me parler. Un jour elles me disent qu'elles veulent emmener Amadora avec elles à leur église, et ça j'ai dit non, je connais pas cette église et je laisse pas Amadora partir comme ça. Et alors, elles ont dit :

"Les humains sont parfois les ennemis de Dieu."

J'ai dit non, c'est mal de dire des choses pareilles. Et mon mari a dit c'est faux ! Alors une des deux vieilles a dit que Dieu a donné son fils pour nous tous ! Et elle m'a dit :

"Toi aussi, un jour, tu donneras ton fils pour les autres !"

J'ai dit :

"Non, mais ça va pas du tout."

Et elle a crié, avec l'autre, la rousse :

"Si, si, si, tu le donneras !"

Craï et moi, on s'est beaucoup énervés. On leur a dit de pas parler comme ça, de parler de la Bible et c'est tout ! Et elles répétaient les mêmes choses encore, qu'on donne les enfants pour Dieu. Alors je me suis dit, c'est la dernière fois !

Elles sont venues un autre jour, quand j'étais au travail, Amadora était avec les enfants, elle les gardait. Et les deux femmes ont frappé à la porte, elles criaient :

"Amadora, c'est nous, ouvre-nous !"

Amadora avait peur et elle n'a pas ouvert, je lui ai dit de jamais ouvrir quand Craï et moi sont pas là, sauf à toi, Dominique, et au gérant de l'hôtel.

Heureusement, elles sont parties. Le soir j'ai téléphoné et j'ai dit :

"Merci, mais c'est fini, faut plus venir !"

Elles étaient fâchées, elles disaient :

"Pourquoi tu l'as pas dit en face de nous ?"

J'ai raccroché. Elles ne sont pas sérieuses du tout, et même, elles font peur, maintenant. »

Cette terrible déconvenue avec les Jéhovah n'avait en rien freiné les ardeurs christiques de Romina et Craï, qui tenaient toujours absolument à me convaincre de la présence divine. Craï a demandé à Amadora de traduire ce que sa femme appelait « les expériences personnelles de mon mari avec Dieu ».

« Mon papa était resté seul à la maison, c'était quand il était jeune, en Roumanie, il dormait et il rêvait que ses mains, oui ses propres mains, lui serraient très fort le cou, il se sentait mourir. Le rêve était vrai ! La preuve quand il s'est réveillé, il a encore senti les mains serrer son cou, il avait les yeux bien ouverts et ça continuait. Alors il s'est souvenu que ses grands-parents lui avaient dit de faire une croix avec ses mains, pour éloigner les mauvais esprits, mais il ne pouvait pas, ses mains étaient sur son cou, alors il a essayé de faire le signe de la croix avec sa langue et les mains sont parties ! Ça a marché ! Alors mon papa s'est mis à genoux, il a prié et il a pu se rendormir.

Quatre ou cinq ans plus tard, il avait 24 ans et n'avait jamais eu de problème, mais là il s'est bagarré avec des policiers dans le train, en Roumanie, il a cassé l'arme d'un policier et il en a envoyé deux à l'hôpital. Oui, il est très fort ! Alors ils ont envoyé l'hélicoptère, comme s'il était un terroriste. Ils ont pris mon papa et ils l'ont amené au commissariat, avec les menottes. Ils lui ont dit qu'il pouvait avoir dix ans de prison. Mon papa a fait une prière :

"Bon Dieu, seul toi, peux me sauver, montre ton pouvoir et je serai croyant."

Jusque-là, même après la première histoire avec les mains sur son cou, il ne croyait pas vraiment. Mais, là, il a ressenti tout de suite le pouvoir de Dieu qui lui disait :

"N'aie pas peur, je suis là."

Et une heure après, les policiers lui ont enlevé les menottes et l'ont ramené dans son village, ils l'ont laissé libre et il n'a plus jamais eu de nouvelles de la prison, ni des juges, ni de rien !

Et encore une autre histoire ! Mon papa avait 25 ans et, à l'église, le prêtre de son village lui a demandé de l'aider à récolter le maïs et de dormir chez lui pour être prêt très tôt le matin. Le curé lui a montré un petit lit en bas, dans sa cuisine, où mon papa allait dormir et il l'a aussi prévenu :

"Tu sais, parfois, il se passe des choses bizarres ici, des choses paranormales."

Un soir, au milieu de la nuit, mon père a entendu des cris horribles qui l'ont réveillé et des pas terribles qui faisaient trembler la maison. Mais il n'a pas eu peur, il s'est mis à genoux et il a prié Dieu parce qu'il sentait, il savait que ce bruit, c'était le Diable, le Satan ! Et devine ce qui s'est passé ? Satan s'est enfui.

Tu ris encore Dominique ? Ah tu demandes ce que faisait le prêtre pendant ce temps ? Papa, il faisait quoi le prêtre ? Voilà, il priait lui aussi, à l'étage au-dessus ! Non, non, ça ne pouvait pas être lui qui marchait, et qui faisait tout ce bruit, parce que mon père dit qu'il entendait beaucoup, beaucoup de monde piétiner le sol ! Papa dit qu'avec sa prière il a réussi à faire fuir le Diable et que c'est la preuve que Dieu existe ! Oui, c'est vrai Dominique ! Comment tu dis ? Si Dieu existe il est drôlement méchant ? Mon père te répond que ceux qui pleurent en demandant pourquoi Dieu laisse mourir ses enfants, ceux-là, se trompent. Dieu donne aux hommes la liberté, il n'oblige à rien, ce sont les hommes qui font la guerre, pas Dieu !

En Roumanie, on dit que si tu chasses une araignée, tu es protégé de la police et si tu passes avec les poches vides près d'un coucou – l'oiseau – et qu'il crie "coucou", alors tu n'auras pas d'argent de toute l'année. Mais tout le monde sait que ça ne veut rien dire, puisque c'est Dieu qui nous donne tout, et d'abord la santé, la nourriture et la protection contre le mal. La nuit, mon père dit qu'il ne dort pas, parce qu'il parle avec Dieu, il ne voulait pas te le dire, il sait que ça te fait rire.

Alors, Dominique, mes parents demandent ce que tu penses, maintenant que tu sais toutes ces histoires ? Ah, tu n'en penses rien ? C'est vrai ? »

CHAPITRE XXVII

« Comme une bête à Paris »

Près de chez nous, à Montgallet, il y a un homme très vieux, il dort par terre sur le trottoir. Avec mon mari, nous allons souvent le voir, sa tête est pleine de sang et il est très très malade et il reste là, sur un matelas très très sale. C'est honteux une chose pareille, de laisser un homme si vieux par terre, sans rien. Hier j'ai vu des journalistes avec une caméra, tout près, et mon mari a dit :

« Regardez ce monsieur, vous pouvez appeler une association, Quelqu'un pour de l'aide ? »

Mais les journalistes n'ont pas voulu. Avec mon mari on lui achète à manger, quand on y va. Mon mari lui dit toujours : « Tu veux manger ? Voilà ! »

Le vieux dit oui et on lui pose le manger près de lui. Mais quand on revient, le soir, il y a pas touché et tous les oiseaux mangent les choses qu'on lui a apportées.

Quand la mairie fait le ménage sur le trottoir, on a vu, ils prennent ses couvertures, matelas et tout, tout, tout ce qu'il a, ils le mettent dans leur camionnette. Après ils envoient l'eau, et lui il n'a plus rien et il a très froid, alors il va au-dessus du métro, là où l'air chaud souffle. C'est pas normal ça, à Paris, de laisser un vieux très malade – non, non, il ne boit pas d'alcool – comme si c'est un animal. Et puis, il y a trois jours, on passait voir le vieil homme, avec mon mari, mais il n'y était plus et, tout autour de l'endroit où était son matelas, il y avait des rubans en plastique jaune et noir. On a pensé, voilà, c'est fini, le vieux, il est mort par terre, comme une bête, à Paris.

CHAPITRE XXVIII

Le parc de la baleine

Le 30 janvier 2017, les journaux relataient le meurtre d'un lycéen de 17 ans, « mortellement poignardé, vers 12 h 30, lors d'une altercation avec un groupe de jeunes à proximité de son lycée, rue Ligner, dans le XXe arrondissement de la capitale. Scolarisé en terminale bac pro commerce, le garçon pourrait avoir été membre d'une bande du quartier, celle des Arcades Paganini, en rivalité avec celle de La Passerelle, dans le XIIe arrondissement ».

Un ami du garçon expliquait aux journalistes de *L'Express* : « Ce n'est pas une rivalité liée à du trafic de stupéfiants ou quoi que ce soit. Non, c'est une rivalité stupide entretenue depuis plusieurs générations sans raison particulière, si ce n'est géographique. Mon pote est mort simplement à cause de ça. »

Le garçon tué pourrait, selon cet ami, être victime de la riposte à une récente « raclée » flanquée à ceux de la bande rivale, à laquelle, pourtant, il n'avait pas participé.

« Mon ami a été pris pour cible uniquement parce qu'il était dehors à la pause déjeuner. Mais ça aurait pu être n'importe qui d'autre. C'est l'escalade de la violence gratuite. »

L'information avait vite fait le tour du quartier et créé une émotion particulière à l'école d'Amadora, où était scolarisée une cousine du garçon poignardé. Amadora en était malade. Sa vie, pensait-elle, allait en être entièrement chamboulée. Plus question, entre autres, de remettre les pieds au petit parc, à cinq minutes de chez elle, où une baleine en pierre recrache de l'eau. Il s'était subitement transformé en un lieu effrayant :

« Je n'irai plus jamais de ma vie au parc de la baleine ! Avant, on y allait souvent avec mes frères et Coco on l'aimait beaucoup, il y a des jeux pour les enfants et c'est tout près de chez nous. Ma copine de l'école dit que son cousin a été tué par des garçons du XXe, tout près d'ici, oui, on en a même parlé à la télé ! Il avait 17 ans, et il s'est fait courser par les autres, ceux du XXe, ah ça, non, elle ne sait pas pourquoi et moi non plus ! Et le jour où il a pris le coup de couteau, il y avait des policiers partout dans notre quartier, devant Go Sport et dans le parc de la baleine, je crois qu'ils cherchaient le poignard.

Maman m'a raconté que là où elle travaille, à Michel-Bizot, dans la cité, les policiers sont venus aussi, il y en avait plein ! Deux garçons ont demandé à Maman si elle avait le passe pour ouvrir les portes, ils criaient, ils couraient dans tous les sens et elle avait le passe dans sa poche, mais elle dit que non, elle en avait pas, et sa collègue a dit pareil et les garçons se sont enfuis.

Ah bon ? Tu dis que le cousin de ma copine est mort dans le XXe ? Et qu'il venait du XXe ? Et que c'est ceux du XIIe qui l'ont poignardé ? Bon, peut-être… mais, en tout cas, ma copine nous a dit que si des garçons venaient nous demander si on était du XIIe, il fallait leur mentir et dire tout de suite que non, on n'est pas du tout de ce quartier ! Sinon, ils peuvent nous tuer aussi. J'ai tellement peur !

Ma mère m'a dit de ne plus y penser, parce que ça me rend trop triste, mais je n'y arrive pas, j'y pense tout le temps, le jour et la nuit, je fais des cauchemars. Elle me dit aussi que si quelqu'un m'en parle, je dois répondre que c'est des Français qui ont fait ça et qu'ils savent bien pourquoi c'est arrivé, mais que nous, on est roumains, et qu'on connaît rien de cette histoire. »

À peine deux mois plus tard, oubliant « la peur de sa vie », Amadora retournait jouer au parc de la baleine.

CHAPITRE XXIX

« Marine Le Pen, elle veut nous chasser ? »

Tout près de l'hôtel, il y avait un fleuriste pakistanais. Amadora et moi y étions allés choisir des fleurs pour sa mère. Le fleuriste avait longuement observé Amadora :

« Mais elle n'est pas française cette petite !

– Pourquoi vous dites ça ? j'avais demandé, sur la défensive. Pourquoi elle ne serait pas française ? »

Mais Amadora m'avait contrée :

« Je suis une Rom, pas une Française ! »

Le visage du fleuriste s'était éclairé :

« Ah voilà, je le savais, ma petite fille, elle te ressemble beaucoup ! »

Il avait sorti son téléphone et nous avait montré la photo d'une fillette voilée au visage découvert, les yeux noirs et malicieux :

« Tu vois, vous êtes pareilles ! Ah, ça me fait bien plaisir de te rencontrer.

– Ah oui ! On se ressemble ! » avait souri Amadora.

En rentrant à l'hôtel, nous avions raconté l'histoire de la fille du fleuriste, et l'élection présidentielle approchant en France, c'était l'occasion de parler politique et de passer en revue les candidats.

J'avais commencé par Marine Le Pen :

« Vous en pensez quoi ? »

Romina avait haussé les épaules :

« Bah, elle a l'air gentil, je m'en fous, je la connais pas. »

Amadora s'était montrée plus savante :

« Ah non, avait-elle protesté, elle est horrible et je veux pas qu'elle devienne présidente, parce qu'elle va chasser toutes mes amies qui sont africaines !

– Tu sais ce qu'elle pense des Roms ? lui avais-je demandé.

– Bah non pourquoi ?

– Parce qu'elle ne les aime pas non plus et…

– Quoi ? Quoi ? Elle veut nous chasser aussi ?

– Je crois que oui… »

Amadora en était stupéfaite :

« Pourquoi nous ? »

Elle s'était vite reprise et avait orgueilleusement déclaré :

« Dans ma classe à moi, il n'y a pas de racistes, et mes amies, elles sont presque toutes des Africaines ! »

« Quels changements en deux ans, me disais-je, en repensant aux réflexions de la mère, que la fille répétait parfois : "Les Africains, on leur donne tout et à nous rien !" »

Désormais, comme sa fille, Romina avait pour amies ses voisines de l'hôtel social et ses collègues de travail, dont beaucoup d'« Africaines » selon elle, pour qui toute personne à la peau noire est africaine.

J'avais poussé plus loin, curieuse de savoir s'ils avaient entendu parler de la jeune Leonarda, qui, en 2013, avait tant fait parler d'elle et ridiculisé le président de la République, François Hollande.

Romina et Craï avaient roulé des yeux étonnés :

« C'est qui ? On la connaît pas ! Elle est rom ? Qu'est-ce qu'il lui est arrivé ? »

C'était marrant. Ils ne savaient rien de cette histoire, devenue une affaire d'État en France. C'était l'époque où, chassés de la « maison grise », ils vivaient dans leur voiture et avaient bien d'autres soucis.

Quant aux autres candidats à l'élection, ils n'en connaissaient aucun, ou si peu, ignoraient totalement leurs différences, sans même parler de leur programme. À peine pouvaient-ils reconnaître leur visage grâce aux affiches qui tapissaient les rues. De tout cela, de tout ce qui alimentait les discussions à la télé et dans les dîners français, ils se fichaient totalement.

CHAPITRE XXX

L'appartement

Combien d'heures avons-nous passé à parler du futur appartement dans lequel, un jour, enfin, Amadora aurait sa « vraie » chambre ? Combien de fois Craï-Abel a-t-il imaginé, dessiné et colorié « sa » future maison ? À combien de rendez-vous, Romina s'est-elle rendue pour fournir la montagne de paperasses nécessaires à l'obtention d'un logement ? Combien de moments euphoriques avaient-ils vécus à l'annonce triomphale d'un appartement « pour bientôt », pour « la semaine prochaine, peut-être », pour « dans un mois, qui sait ? ». Combien de fois leur avait-il fallu déchanter ? Et revenir sur terre.

Les grandes espérances avaient pris forme peu après l'incendie. Rouge de bonheur, Romina m'avait fait lire le courrier officiel, en retour de son inscription au registre des « demandeurs de logement ».

« Tu vois, s'emballait-elle, c'est écrit qu'on va avoir une maison à nous, on sera locataires, on est prioritaires ! C'est l'assistante sociale qui me l'a dit ! »

Un an plus tard, toujours « prioritaire » et toujours à l'hôtel social, sans aucune nouvelle d'un quelconque logis, son enthousiasme était retombé. Jusqu'au jour où elle avait reçu un nouveau courrier, suivi d'une visite de son « assistante ». Amadora était galvanisée :

« Aujourd'hui, ma maman nous a annoncé une grande nouvelle, on va avoir un vrai appartement ! C'est écrit sur un papier de je ne sais plus quoi, mais qui dit que ça y est, on l'a ! Il y avait plein de choses compliquées, écrites, je ne comprenais rien, mais c'était bien ça. Depuis ce matin, avec mes parents et mes frères et même Coco, on ne fait que rire et danser ! On aura quatre pièces et j'aurai une vraie chambre ! Alors, pour l'adresse, l'assistante sociale, oui, la blonde qui a l'air d'une enfant, a dit qu'elle ne pouvait pas la donner et qu'on l'aurait "en temps voulu". On a attendu longtemps et elle a appelé pour dire que c'est à Villeneuve-Saint-Georges. On a vu que c'était très loin d'ici. Ma mère a compté qu'il faudrait plus d'une heure pour aller à son travail, et encore pareil pour rentrer, mais peut-être que là-bas il y a une régie de quartier où elle pourra travailler. L'assistante est revenue, elle nous a relu le papier qu'elle avait écrit pour qu'on ait le logement : "Les parents n'ont pas d'intimité. Les enfants n'ont pas où apprendre leurs leçons."

Elle a dit qu'avec ça, on aurait sûrement notre logement de Villeneuve-Saint-Georges et qu'elle était très contente pour nous, parce que tout s'était décidé très vite.

"C'est formidable, elle a dit, j'ai d'autres familles avec qui c'est très long, mais vous, ça a marché presque tout de suite !"

Elle a dit aussi que c'était interdit de refuser : "Si vous n'y allez pas, vous serez mis dehors de l'hôtel social."

Maman disait que, si le quartier où on allait nous donner l'appartement n'était pas bien, elle allait nous mettre dans une école payante. »

Dix jours plus tard, désillusion, l'assistante avait rappelé. Ça n'avait pas marché.

« Tant pis, débitait Amadora, ça m'embêtait de changer encore d'école, maintenant que je l'aime beaucoup et que j'ai plein d'amies, surtout depuis la classe de découverte. L'autre jour, l'assistante est revenue pour dire au revoir, parce qu'elle est mutée, comme elle a dit, elle est très contente, elle va habiter près de sa famille, en Bretagne, je crois. Elle a dit qu'on lui envoie le livre que j'écris avec Dominique, qu'elle voulait absolument le lire. Je lui donnerai, c'est sûr ! »

L'attente s'éternisait quand la nouvelle assistante sociale a fait savoir qu'un nouveau plan se profilait. Un rendez-vous était fixé à Ivry, près du métro, « pour la visite », affirmait Romina. Amadora exultait :

« L'assistante de ma mère a téléphoné et on va avoir un logement ! Mes parents ont rendez-vous pour le visiter la semaine prochaine. Et vraiment on saute de joie, parce qu'on va à Ivry, une ville très près de Paris et, cette fois, on a l'adresse ! Alors mon papa est allé en voiture voir l'immeuble. Il nous a dit que c'était très beau, il y a cinq étages, des balcons, on en aura peut-être un, maman dit que sûrement oui et qu'on fera pousser des fleurs ! On a regardé les photos sur le téléphone de Dominique, c'est vrai que c'est beau ! On a vu que c'est tout près du métro et aussi de l'école où on ira. Bon, il faudra quitter la mienne, mais, tant pis, on aura un F4, on aura notre chambre ! Je suis impatiente !

Mes parents sont allés au rendez-vous d'Ivry avec Dominique. Ils étaient bien en avance, comme ça ils ont pu voir, ensemble, comment c'était. Il y avait un parking et un docteur au rez-de-chaussée, ma mère trouvait ça vraiment bien que ce docteur soit là. Il y avait des fleurs partout et une épicerie en face, et un Chinois qui fait à manger. Tout ça ! À 14 heures, l'heure du rendez-vous, l'assistante est sortie pour dire ça y est, vous pouvez entrer. Elle n'a pas voulu de

Dominique, parce qu'elle a dit que "c'est confidentiel". La visite était très longue, l'assistante a posé plein de questions. Mais ce qui est bête, c'est que l'appartement n'est pas là où on croyait. Il est à Thiais, c'est loin, il n'y a pas le métro, et on ne connaît pas du tout là-bas. Mais l'assistante a dit comme l'autre, que si mes parents n'y vont pas, on sera tous mis à la porte de notre hôtel où on vit. Et maman a dit oui tout de suite ! Maintenant, j'espère tellement qu'on aura l'appartement. Quatre pièces ! On n'a jamais eu ça. On aura une chambre pour Coco et moi, une autre pour mes petits frères et encore une pour mes parents. On n'arrête pas d'imaginer ce qu'on fera. Comment on décorera notre nouvel appartement. Maman dit qu'elle en rêve tout le temps, quand elle travaille, quand elle rentre à l'hôtel et le soir, quand elle dort, elle en rêve encore. Mes frères aussi sont si contents ! Il paraît qu'on aura bientôt la réponse. L'assistante de ma mère a dit qu'il fallait attendre les calculs. Ma mère a dit moi je suis d'accord pour tout payer, c'est notre intérêt, elle a dit. Mais le problème c'est que ce logement ne sera pour nous que dix-huit mois.

"Et après ?" Maman a demandé.

Elle a dit à l'assistante qu'elle avait peur de se trouver à la rue après avec nous, ses enfants, et qu'ici, au moins, à l'hôtel social, même si c'est qu'une seule chambre, au moins c'est sûr qu'on peut y rester.

"Mais non ! lui a dit l'assistante, si tu payes bien ton loyer, on te trouvera un logement social après, on vous laissera pas à la rue !"

"On a attendu. Tous les jours, Maman cherchait vite le courrier chez le gérant de l'hôtel pour voir s'il y avait la lettre de notre appartement. Mais il n'y avait jamais rien." »

Au bout de quelques semaines, la réponse est arrivée. Négative. Amadora en était affligée :

« Et puis, ça y est, ma mère a reçu les calculs, ça fait plus que 1 080 euros par mois. Maman a dit : “C'est trop trop cher !” C'est ce qu'elle gagne en un mois. Elle a tout compté, elle aussi, beaucoup de fois, mais c'est toujours trop cher, même avec les allocations. L'assistante de son travail a dit qu'il devait y avoir une erreur et qu'il fallait refaire le calcul, et l'autre assistante, celle de la Croix-Rouge, a dit pareil. Il paraît que c'est le grand directeur qui a fait les calculs. La dame – une autre assistante encore –, qui avait donné l'appartement, a téléphoné, elle a dit qu'elle pouvait enlever un peu du prix, mais même ça reste trop. De toute façon, le grand directeur a dit non. Lui aussi dit qu'on ne pourrait pas payer. On est tous tristes, on n'aura pas l'appartement.

Juste avant Noël, l'assistante a encore rappelé, elle a dit que c'est fini, que son association ne nous donnera pas un appartement, qu'on avait été rayés de ses listes. Maman n'a pas bien compris pourquoi, mais je crois qu'on va rester ici, à l'hôtel social. Mes parents ont parlé de ça, ils disent que c'est quand même bizarre, parce qu'ils ont un ami rom qui venait d'arriver en France, depuis deux mois, avec sa femme et trois enfants, ils étaient au 115, comme nous, mais ils ont eu leur logement social presque tout de suite. C'est près de Disney, mais je ne connais pas le nom de la ville. Mes parents, ils se demandent comment c'est possible que nous, après deux ans, on n'a toujours rien. L'assistante a aussi dit à Maman qu'elle avait une super nouvelle pour nous. C'était des places gratuites pour aller à Disneyland, elle a dit : “Comme un cadeau de Noël, vu qu'on est le 23 décembre !”

Maman nous l'a répété et on était tous à attendre les places. Mais l'assistante n'a pas rappelé et on n'est pas allés à Disney. Elle a dû oublier…

On est toujours à l'hôtel social et ma mère a encore une nouvelle assistante qui lui a parlé ; elle dit qu'on n'aura pas l'appartement de l'association des solidaires, ou je ne sais pas quel nom, parce que le directeur est méchant. En tout cas, c'est ce que dit l'assistante. Mon frère Craï-Abel, qui est très fort en dessin, a peint plein de maisons, toutes coloriées. En dessous, il écrit toujours : “Une maison, la nôtre ? Quand ?” »

CHAPITRE XXXI

Un époux

Mon mari, c'est terrible, il fait beaucoup, beaucoup de bêtises ! Par exemple, quand il a acheté la vieille voiture à un homme très gentil qui lui a vendue pas cher, il n'a pas fait les papiers comme il faut. Il n'est pas allé changer le nom sur la carte grise ni rien et il a revendu la voiture à un Roumain, encore sans faire les papiers. Et maintenant, on reçoit des amendes de l'Autriche, de l'Italie, de la France, de partout, parce que celui qui a la voiture, maintenant, roule trop vite dans toute l'Europe. Mais c'est Craï qui reçoit tout et on va être obligés de payer. Il fait tant de bêtises que je suis vraiment fatiguée ! J'ai même un gros classeur avec toutes ses bêtises !

Il faut que j'aille parler de ces amendes et expliquer la vérité à la police. Craï, s'il y va et que le monsieur du guichet lui dit :

« Tu me dois 10 000 euros d'amendes », il va répondre : « Ah bon, merci beaucoup, monsieur ! Allez, à bientôt, monsieur. »

Je suis allée à sa place, mais je ne trouve pas le guichet. À la préfecture, on m'a dit d'aller dans le XIIIe et dans le XIIIe on m'a dit :

« Mais non, madame, tu dois aller au commissariat près de chez toi ! »

Bon, maintenant, on a reçu une convocation à la police pour toutes ces amendes et on y est allés avec mon mari et Dominique pour nous aider, parce que nous avons très peur. La dame policière était très gentille et très drôle aussi. Par exemple, elle a demandé à Dominique ce qu'elle faisait là, si elle était là pour traduire, on a tous dit :

« Oui, pour traduire. »

Mais la policière a compris tout de suite que c'était faux, parce qu'elle entendait Dominique me répéter tout ce qu'elle disait en français. Pas en roumain, pas en romani. Alors elle a un peu crié :

« Madame, elle a dit, si vous êtes là pour faire le perroquet, c'était pas la peine de venir ! »

Et elle a regardé nos têtes, elle a ri et nous aussi. Dominique s'est excusée, elle a dit qu'elle était là pour le livre et pour être avec nous, parce que, nous, on comprend rien et on a très peur de la police.

Elle a écouté ce que Craï et moi on expliquait, elle a tout noté, mais mon mari n'avait que le nom de celui qui a acheté sa voiture, pas son adresse, ni son âge, ni rien, et elle a dit :

« Bon, vous aurez des nouvelles, il faudra payer. »

Ça fait plus que six mois maintenant et on n'a rien reçu. J'espère que la policière a oublié.

Une autre bêtise de mon mari ? À l'été 2016, on allait partir en vacances, il fallait acheter les places de bus pour la Roumanie, pour les enfants et nous, et il est arrivé à la maison, tout content :

« Romina, j'ai une grande surprise pour toi ! Regarde, on a une nouvelle voiture, je viens de l'acheter, c'est pour ton anniversaire ! »

Il l'avait payée 3 500 euros, toutes mes économies ! Amadora a dit que j'étais devenue toute blanche et je me suis mise à pleurer. On n'avait plus rien pour partir, même pas pour payer l'essence du voyage. J'étais très fâchée, je lui ai dit : « Va-t'en ! »

Il est parti, très fâché aussi et il est revenu très tard, la nuit, moi je ne voulais plus le voir, je voulais l'étrangler. J'ai demandé à Dominique, j'avais honte, mais elle nous a prêté 500 euros. Merci mon Dieu, sinon c'était fini les vacances en Roumanie.

Maintenant, Craï va tout le temps au sport, ça se voit, ses bras sont devenus très, très gros, presque comme ceux de son frère Gradi : les siens, on dirait ses cuisses. Il va aussi à l'école, c'est une formation, apprendre le français. Il doit se présenter :

« Bonjour, je suis Craï et je suis roumain. »

Et il apprend un chant pour les enfants *Colchique dans les prés*. Il faut qu'il apprenne à parler, parce qu'il comprend rien du tout, même avec les cours. Toujours quand on va à Pôle Emploi ou chez l'assistante ou partout, après, il me demande :

« Romina, mais qu'est-ce qu'il a dit le monsieur ? Ou elle dit quoi la dame ? »

Il faut qu'il trouve un travail, le mien s'arrête fin août 2017 et après, finie la régie de quartier. Le contrat c'était dix-huit mois. Mon assistante du travail m'a donné des adresses, il faut que j'aille donner mon CV, c'est pour du ménage, du nettoyage et du repassage.

Mais là, peut-être mon mari va avoir un travail dans la sécurité, je prie pour ça tous les jours ! Il a un rendez-vous très important avec un patron, dans deux semaines, et il faudra qu'il parle bien français, alors à la maison, maintenant, avec les enfants, on parle plus le roumain, on parle que français. Et Craï, toute la journée, il a un casque sur la tête, où il écoute des leçons en français et il répète les mots. Comme ça, pendant des heures. Mais il n'y arrive pas. L'autre jour, on avait un autre rendez-vous et quand le monsieur lui posait les questions, il répondait mal. C'est parce qu'il est très timide. Avec les enfants et moi, ou avec Dominique, il arrive à parler, mais pas avec les autres, il ose pas et ça m'énerve beaucoup…

Et même, il fait des choses très bêtes. Par exemple, quand je suis avec une assistante pour le logement ou pour les papiers des allocations, il téléphone et il me parle en roumain :

« Romina, tu penses bien à dire ça » ou « Romina, tu as bien dit ça ? ».

Mais moi, bien sûr que je sais quoi dire, je n'ai pas besoin de lui pour ça et en plus il me brouille tout dans la tête !

CHAPITRE XXXII

Beurk !, un beau titre…

Depuis le temps qu'il était annoncé ! Le film avec Christian Clavier sur les Roms était enfin sorti, en avril 2017, après avoir causé un petit scandale à cause du titre initialement prévu, *Sivouplééé*, qui avait été jugé raciste. Le film avait donc été débaptisé fissa en *À bras ouverts*, plus neutre et politiquement correct. Le site AlloCiné en donnait ce résumé : « Après un défi lancé par un journaliste, Jean-Étienne Fougerole (Christian Clavier), un intellectuel de gauche, va accueillir une famille de Roms de neuf personnes. Une comédie réalisée par Philippe de Chauveron, le réalisateur de *Qu'est-ce qu'on a fait au Bon Dieu ?*, qui avait cartonné avec des vannes un peu limite sur les origines ! »

Ça faisait vraiment envie !

La critique la plus féroce est venue du *Parisien*, qui, journal populaire entre tous, titrait « BEURK », en grosses lettres dévorant cinq colonnes. S'ensuivait une page entière détaillant « un portrait ultra-caricatural et indigne de la communauté rom ». Prudente, j'ai préféré y aller seule, avant d'y emmener Amadora et Romina. J'ai bien fait, c'était minable. Des gars affreux, édentés, dévorant des taupes crues, des voleurs, des profiteurs répugnants hébergés par deux sales cons français. *À bras ouverts* a vite disparu des salles. Comme quoi, parfois, il y a une justice.

Un jour, avec Amadora et sa mère, nous irons plutôt voir *Zanetta*, le magnifique film, un peu narquois, de Petr Václav, qui lui n'est sorti que dans les salles d'art et d'essai et raconte le destin cruel d'une jeune Tzigane en République tchèque. Là, le racisme, on le voit bien. Des images d'actualités montrent des foules hurlant « À mort ! », « Foutez le camp ! », en bas des HLM miteux dévolus aux Roms, qui ne sont pas en reste et répondent avec des doigts d'honneur, des poings levés et des insultes.

Les films de Kusturica ou de Tony Gatlif, autant ne pas y penser, à l'âge d'Amadora. Bientôt, elle pourra voir le si triste *Spartacus et Cassandra*.

Ou pourquoi pas *Kriss Romani*, qui date de 1963 ? Ce serait rigolo, si jamais je le retrouve. J'en ai dégoté la critique dans un vieux magazine, illustré d'une photo de gamine, à l'air rebelle, chevelure éparse, jupe à volants, ainsi légendée « Puce est une délicieuse fillette gitane ». L'histoire est celle d'une jeune Tzigane qui s'enfuit de son campement pour échapper à un mariage précoce imposé par « la coutume ». Elle cherche du travail, on la rejette et « dès qu'elle montre son carnet de nomade, elle provoque la méfiance que sa race a toujours inspirée ». Pendant ce temps, avec deux gosses, Puce cherche une plante, une racine « dans laquelle, selon la légende, Dieu aurait enfermé la malédiction qui pèse sur les Gitans, parce qu'ils auraient, autrefois, forgé les clous de la croix du Christ ». Le film, est-il écrit, « reconstitue fidèlement l'ambiance de cette société patriarcale égarée au XXe siècle ». Et, « sans nous cacher les préjugés et les misères des Tziganes, il nous fait comprendre leur noblesse et l'injustice de notre comportement à leur égard ». Eh bien disons qu'en cinquante-cinq ans, depuis 1963, « l'injustice de notre comportement » n'a guère fait de progrès…

CHAPITRE XXXIII

« Le chat est encore dans le four ! »

Cet été, on est partis en Roumanie. Le soir, on a chargé la voiture avec plein de cadeaux, du café, des couvertures, des tissus et du sucre en petits morceaux, parce que mes parents disent qu'en Roumanie c'est très cher et qu'il n'y a que du sucre en poudre.

Le voyage était très long, un jour et une nuit et on a dormi dans la voiture. Ça faisait très longtemps qu'on n'était pas retournés là-bas, dans notre pays. J'ai emporté un gros agenda pour tout noter, comme m'a demandé Dominique. Le premier jour, quand on est arrivés chez ma grand-mère, la mère de mon père, ma maman lui a dit :

« Bonjour, Maman, comment ça va ? »

Elle l'appelle comme ça, « Maman », puisqu'elle n'a plus de mère et que sa grand-mère, qui l'a gardée quand elle était petite, n'est pas gentille avec elle.

Ma grand-mère a aussi demandé :

« Et vous, ça va ? »

Elle avait fait des spaghettis bolognaise pour nous. Mon père est allé faire un tour dans le village et « How, how, il a dit, le village s'est modifié, il est plus grand ! ».

Moi, je n'en sais rien, je ne me souviens plus comment il était avant. Ma grand-mère et la famille ont dit qu'ils étaient très contents qu'on soit là et je suis allée avec mes cousins cueillir des champignons.

Dimanche on est allés à la messe et j'ai recopié la prière :

« Le Dieu aime les enfants, je sens ça de jour en jour. Il me porte, tranquille sur ses bras et il me donne le ciel et le bonheur. Tu es belle ma vie, parce que Dieu me surveille. Comme ça, petit, je veux servir, pour lui dire que je l'aime aussi. Amen. »

Dans notre village, on va souvent à l'église ! Pas à Paris, je ne sais pas pourquoi. À la messe, on a rencontré des Américains très gentils qui croient beaucoup en Dieu, ils s'appellent Mark, sa femme, c'est Kelly, et Johnny leur ami, qui s'habille avec un déguisement de Batman. Il dit que comme ça, avec Dieu, il peut sauver le monde et qu'ils vont faire des actions pour ça. Ils sont drôles, même s'ils sont un peu vieux. Ils s'appellent les Gods Heroes, c'est les Héros de Dieu, ils ont mis partout autour de l'église des drapeaux de tous les pays et, avec Claudia, une dame de 24 ans, on chante tout le temps « À jamais, à jamais, Dieu est fidèle ». Ou un truc comme ça.

Ici, mon papa nous a raconté des histoires de son enfance, quand avec son frère Gradi ils guettaient pendant longtemps les œufs que les poules pondaient et ils les attrapaient pour les manger tout chauds ! Moi, ça me dégoûte et puis j'ai trop peur des poules.

Ou alors, celle du chat ; celui que mon grand-père adorait. C'était quand Maman venait de se marier avec Papa et elle trouvait que le chat était sale, plein de puces. Alors quand mon grand-père est sorti, elle l'a lavé, comme toute la lessive, qu'elle faisait à la main. Il faisait très froid et les poils du chat ont gelé. Maman s'est dit que mon grand-père allait se fâcher très fort et Papa a eu l'idée de le mettre à se réchauffer dans le four à bois. Il l'a fermé, pour que le chat sèche et il l'a complètement oublié.

Oh là là, il a dit à Maman après une heure au moins :

« Le chat est encore dans le four ! »

Il l'a sorti, non, non, il était pas mort mais beaucoup de poils avaient brûlé et ça sentait très fort dans toute la maison et quand grand-père est rentré, il a appelé son chat, mais il se cachait, il le trouvait pas, et puis il a respiré, il disait :

« Mais ça sent une drôle d'odeur, que s'est-il passé ? »

Après, il a retrouvé son chat, et il a compris, il a crié sur ma mère :

« C'est la première et dernière fois que tu touches mon chat, tu as le cœur qui ne va pas toi ! »

Toute la famille rigolait, sauf lui !

Bon, maintenant, il a je ne sais pas combien de chats, au moins dix, qui grimpent sur la table quand on mange, alors il ne faut rien laisser dans nos assiettes, sinon, ils le volent. Je les déteste !

Une autre histoire de la Roumanie ! Celle d'un copain de mon papa qui nous fait beaucoup rire ! Ce copain avait un chariot avec un cheval et il parcourait la forêt pour ramasser du bois et, un soir, il rentre chez lui, sa femme n'avait rien fait du tout, pas le ménage, pas le dîner. Rien de rien. Elle pleurait en se tenant la joue toute gonflée :

« Mes dents, mes dents, j'ai tellement mal… »

Alors il a crié, elle s'est fâchée et elle a insulté sa mère à lui de tous les noms ! Et boum ! Il lui a mis un grand coup dans la bouche et la mauvaise dent qui faisait mal a sauté ! Et après ? Eh bien, la femme elle a sauté au cou de son mari :

« Merci, merci, mon mari chéri, j'ai plus mal aux dents ! »

Oui je sais, c'est nul, jamais, jamais les hommes ne doivent frapper les femmes, ils vont en prison pour ça. Mais cette histoire, elle m'amuse quand même.

Sinon, ici, avec mes cousins et mes cousines – je les adore ! –, on fait du vélo, on va chercher de l'eau chez le frère de mon grand-père. Dans la maison de mes grands-parents, il y a trois chambres et un couloir. Heureusement elle est plus grande qu'avant, où il n'y avait que deux petites chambres, quand ma famille était très très pauvre. Il paraît que la maison était fabriquée en terre et en bois et que tout le monde dormait avec les deux cochons et les poulets. Maintenant il y a Persida et Crina, sa fille, qui habitent là, et aussi la sœur de mon père, qui est très malade, avec ses garçons, qui sont malades aussi.

Et maintenant, il y a aussi un autre frère de mon père, mon oncle Gradi, tu te souviens de lui, bien sûr ! Il vient de revenir en Roumanie, se remettre avec sa femme. Il habite pas loin du tout. Avant il vivait en France avec Ana sa copine, qui est restée à Paris. Je ne sais pas si elle est triste, mais maintenant elle a un nouveau copain, alors je crois que ça va. Sa fille, c'est ma cousine, elle est trop contente que son papa soit revenu. Sa femme euh… Enfin, bon, je crois qu'elle s'en fiche un peu, mais ce qu'elle veut c'est que sa fille soit heureuse. Gradi est très très fort et il sait tout faire. En France, il réparait tout dans des maisons, il peut aussi en construire. Et il peut porter un canapé, tout seul, et monter ou descendre les étages avec.

Et puis, on est allés chez la grand-mère de mon père, il fallait y aller à deux voitures, puisqu'on était seize, avec mes parents, ma grand-mère, mes oncles, mes tantes et mes cousins. On était serrés comme tout pour le voyage, mais il ne durait pas trop longtemps, quarante kilomètres, je crois. Mon arrière-grand-mère, elle avait des grosses larmes qui coulaient quand elle nous a vus arriver. On a joué dans les champs, mais il y avait les vaches qui nous regardaient et ça me faisait très peur. Pourtant, quand j'étais petite, je m'asseyais sur une chaise, chez la voisine, elle m'apprenait à bien traire les vaches et je n'avais pas peur du tout.

Mon cousin Amador – oui, il s'appelle comme moi, mais en garçon, et lui, il est hémophile – m'a jeté un chat à la figure, je lui ai donné une gifle. Après il a donné une claque à un petit cheval qui lui a donné un coup de pied et Amador est tombé dans la mare des grenouilles. Après ça, on a tué des grenouilles avec des pierres et Craï-Abel a attrapé un gros crapaud gris, il l'a mis dans un bocal, mais il s'est enfui. On aime aussi pêcher les grenouilles et les têtards, il y en a plein dans la mare et je n'ai pas trop peur d'eux, ils sont si petits. Après tout ça, on est rentrés en France…

Pour Romina, ses retrouvailles avec la Roumanie auraient été un immense bonheur sans cette visite à sa grand-mère. Celle qui l'avait élevée et avait tout fait pour empêcher son mariage avec Craï :

« C'était trop long cinq années sans revenir dans mon pays ! Ah, comme j'étais heureuse de retrouver ma famille ! Je dis “ma famille”, mais c'est celle de mon mari, parce que la mienne, il n'y en a pas vraiment. C'est très triste pour moi. Et, le plus triste, le voilà : quand je suis allée voir ma grand-mère qui m'a élevée, je l'ai embrassée et elle aussi et puis… plus rien. Elle a croisé ses bras, et elle nous regardait, Craï et moi, c'est tout, ou alors elle regardait ailleurs, en tournant sa tête de l'autre côté. On était avec nos enfants. Elle leur a donné un petit bisou et c'est tout, mais elle n'a pas demandé rien du tout sur eux. Pas s'ils allaient à l'école, pas s'ils allaient bien, pas s'ils grandissaient. Elle n'a pas dit qu'elle voulait connaître Sarko et Coco qu'elle n'avait jamais vus, avant. Elle n'a rien demandé d'Amadora et de Craï-Abel non plus, qu'elle connaît tous les deux. Elle n'a pas dit un seul mot. Craï, il essayait de lui parler, elle ne répondait pas. Elle restait comme ça, avec ses bras croisés, sans rien dire. Elle n'a même pas demandé si on voulait boire un café ou un verre d'eau, comme on fait quand quelqu'un vient chez vous. À un moment, j'ai senti que j'allais pleurer, tellement j'étais malheureuse, alors après vingt minutes, j'ai dit à mon mari :

"On s'en va, on rentre chez nous."

Il disait :

"Non, non, on reste un peu."

Mais j'ai dit non et on est partis. Je ne sais pas pourquoi elle était comme ça avec moi, je crois qu'elle n'aime pas Craï du tout, je ne sais pas si je retournerai la voir, elle est méchante. Alors, moi, je la laisse réfléchir.

Après nous sommes allés voir ma maison, avec les enfants. Oui, j'ai une maison qui se construit ! Ça fait six ans, quand on est rentrés d'Italie, avec l'argent qu'on a gagné là-bas, j'ai acheté un terrain 3 000 euros, à Aghires, le village de la famille, après j'ai acheté du bois. Et des hommes qui savent faire m'ont pris 1 000 euros pour assembler. Il reste la peinture, l'électricité et les murs pour faire des pièces. Il y aura une entrée, la cuisine et, à droite, une grande chambre, l'escalier, et deux chambres en haut, avec un petit couloir. Il me faudrait 15 000 euros pour finir tout. Ça, ce sera dans longtemps, je pense… »

CHAPITRE XXXIV

« Bonjour pardon skouze-moi dérange vous sivouplé »

« Tout papier lui fait peur, s'amusait une amie traductrice, au temps du campement. Romina croit s'évanouir quand elle reçoit des lettres à en-tête officiel, chaque fois elle pense que le papier arrivé est un reproche, une injonction et, comme elle ne comprend rien, elle attend que je vienne lui traduire et lui expliquer… »

Tout rendez-vous l'effrayait aussi. Avec les assistantes sociales, Pôle Emploi, les médecins de la visite de contrôle pour le travail, ou avec n'importe qui ayant une quelconque importance dans l'administration française. La travailleuse sociale lui répétait, doctement :

« C'est à toi de faire les démarches. »

Une instruction certainement à visée psychologique et éducative, bien connue dans le milieu du « social », où la règle veut que « les gens » s'emparent eux-mêmes de leurs formalités administratives.

La tâche est déjà ardue, même pour ceux qui possèdent les codes et le langage administratif. Mais quand on n'en a aucun ? Comment trouver tous ces endroits décisionnaires ? Parler à tous ces officiels ? Comprendre ce qu'ils veulent ? Et comment faire, sans parler français ?

Voilà pourquoi, avant de pouvoir se débrouiller seule, Romina emmenait Amadora avec elle, sa traductrice, pensant qu'une fillette, la sienne, ayant appris à parler le français en deux mois d'école, ne pouvait qu'emporter l'admiration de tous ces hauts personnages de l'État. Et leur prouver que les Roms ne sont pas tous idiots ou mauvais ou voleurs.

Le métro était, pour elle, une aventure effrayante, et changer de ligne, une épouvante. Une fois, une belle-sœur de Craï l'avait appelée, elle était paniquée et, se disant perdue « gare de l'Est », elle suppliait Romina de lui venir en aide et d'arriver sans tarder la sauver. Téméraire, Romina avait sauté dans le métro, à Saint-Denis-Université, la station du campement, mais elle s'était à son tour trouvée complètement déboussolée, et la gare de l'Est, au bout de deux heures d'errance dans les couloirs, lui avait paru un objectif inatteignable. Elle avait dû demander comment rentrer chez elle et y était péniblement parvenue, abandonnant la belle-sœur à ses pérégrinations.

Une autre fois, à l'époque où Romina et sa famille allaient d'hôtel en hôtel, de banlieue en banlieue, là où le Samu social leur trouvait de la place, elle avait pris Amadora par la main, et toutes deux s'en étaient allées rencontrer l'hôtelier, afin de savoir si la chambre prévue était vraiment à eux, pour trois jours, avant d'y faire venir Craï et les petits. Amadora devait traduire, comme toujours. Mais arrivées gare Saint-Lazare, dans le labyrinthe des couloirs et devant les panneaux lumineux indiquant les destinations, la mère et la fille n'avaient pas tardé à s'égarer complètement. Elles allaient d'un passant pressé de rentrer chez lui à un autre trop occupé pour leur répondre, elles redoutaient de s'adresser aux contrôleurs, elles marchaient dans un sens et dans l'autre :

« Les gens nous disaient vas-y, c'est pas loin, c'est à gauche et à droite, ou alors monte les escaliers, ah non, il faut descendre. »

Au bout d'une heure et demie, elles étaient épuisées, affolées, et Amadora, qui avait 8 ans, pleurait comme une fontaine en répétant :

« Maman, tu nous as perdues, on retrouvera jamais le chemin, on reverra plus Papa... »

L'expérience de l'immense gare Saint-Lazare est restée gravée dans leur esprit :

« C'est trop, trop grand, ça fait peur », répétait Romina en s'en souvenant.

Bien souvent, j'ai ainsi dû l'accompagner à tel ou tel rendez-vous. Visite médicale obligatoire, bureau du logement ou des impôts ou des amendes. Je prenais le métro avec elle et je la laissais ensuite devant l'immeuble où elle devait se rendre, avec, en poche, un papier où j'avais soigneusement détaillé le trajet du retour.

Quelque temps plus tard, à la sortie du RER à La Défense, alors que Craï et Romina avaient mis leurs plus beaux vêtements pour aller à un rendez-vous censé donner du travail à Craï, tous deux parcouraient d'un regard extasié ce lieu où s'entrecroisent bus, métro, RER :

« Encore plus grand que la gare Saint-Lazare ! »

Dehors, ils avaient manqué tomber à la renverse devant les édifices de verre et de métal. Comme des touristes, ils s'étaient photographiés devant les tours Axa, Fiducial et Total :

« Que c'est beau ! Comme Las Vegas, oui, ici, c'est Las Vegas ! »

Aujourd'hui, c'est autre chose. Au fur et à mesure de ses progrès en français, Romina a pris de l'assurance. Et il faut la voir maintenant traverser à toute blinde le square où jouent ses gamins, et, les yeux pleins d'éclairs, foncer sur des parents qui laissent leur gosse balancer du sable aux siens ou les frapper, ou simplement les embêter.

« Sivouplé, madame, monsieur, sivouplé, ça va pas du tout ! Il faut pas qu'il continue, c'est très mal ça ! Attention ! »

Un soir, trouvant Sarko à l'école plein de bleus et d'écorchures au visage, elle avait déboulé dans la classe et alpagué la maîtresse :

« Sivouplé vous ! Regarde mes yeux, oui, comme ça ! Toi pas payée pour regarder les enfants ? Toi pas payée pour que mon fils se fasse pas du mal ?

– C'est pas grave, ce sont des enfants, ça arrive ! » avait tenté la maîtresse, sans apaiser, en rien, la rage maternelle, décuplée par le regard désespéré de son petit.

« C'est pas normal, ça, c'est raciste, c'est honteux ! » maugréait Romina en me rapportant la scène. Tandis qu'assis sur le clic-clac, triste, prostré, Sarko écoutait sans dire un mot.

« Qu'est-ce qui t'est arrivé mon petit Sarko ? j'avais demandé en le prenant dans mes bras.

– Des enfants m'ont poussé, ils m'ont battu…

– Quels enfants ? Ils sont dans ta classe ?

– Non, c'est des enfants blancs.

– Des enfants blancs ? Ça veut dire quoi ?

– Ils sont blancs, pas comme moi, je suis marron… »

Du coup, c'est moi qui étais consternée…

Depuis un bon moment, Romina s'était remise de plus belle à employer un truc qu'elle jugeait sensationnel. Il avait déjà bien marché autrefois, quand elle ne faisait qu'ânonner. Et il continuait d'avoir autant de succès aujourd'hui, où elle se montre capable de longuement discourir, et d'enquiller des phrases de plus en plus compliquées. Dans chaque administration, chaque magasin, chaque rencontre avec des officiels, elle commence, désormais, tout entretien par ces mots groupés et inséparables :

« Bonjour pardon skouze-moi dérange vous sivouplé. »

Ainsi, grâce à cette formule – magique à ses yeux – avait-elle réussi à transformer la « dame de la Poste », en « bonne amie », à qui elle pouvait demander de l'aide, à tout propos. Le monsieur de la boutique Internet était, lui aussi, devenu « un bon ami », même s'il lui avait pris 10 euros, rien que pour ajouter le mot « Bâtiment » au chapitre des « compétences » du CV de Craï. Le montant comprenait l'impression de la feuille, Romina en était comblée.

Il y avait bien eu quelques ratages. Entre autres, à la mairie du XIIe arrondissement de Paris, où, après l'incendie, pleine d'espoir, elle s'était rendue, afin de trouver qui serait sa nouvelle assistante sociale.

« Pardon skouze-moi sivouplé », avait-elle commencé en tendant ses papiers, avant de s'asseoir, au milieu de la plupart de ses voisines de l'hôtel social. Mais après une heure d'attente, l'homme de l'accueil était revenu :

« Pas la peine d'attendre, tu n'as pas droit à l'assistante de la mairie, parce que tu viens du 115 !

– Quoi ? Pourquoi nous pas droit ? Tout le monde a droit à une assistante ! avait protesté Romina, indignée, et ici, je vois bien, toutes ont une assistante, et elles sont aussi du 115 ! Alors vous donnez des assistantes aux Africaines et pas à moi ? Parce que je suis rom ? Vous êtes racistes !

– Allez, allez, va-t'en ! » avait répondu l'homme.

Sans avoir rien compris, ou en tout cas pas tout, Romina était revenue outrée de cette visite à la mairie. Durant des semaines, elle avait ressassé l'accueil pitoyable qui lui avait été fait et ne cessait de rabâcher sa certitude d'avoir été chassée parce qu'elle était rom, quand « les Africaines, elles, avaient droit à tout ».

Les raisons de sa colère et de son amertume avaient donné lieu à des chicaneries endiablées entre nous. Elle, reprochant aux services sociaux leur racisme envers elle et sa famille.

Moi, lui rétorquant que, décidément, elle devenait une vraie râleuse de bonne Française et, en plus, raciste elle-même.

Ces discussions de haut niveau n'avaient pris fin que des mois plus tard, quand cette histoire d'assistante sociale fut enfin élucidée lors d'un rendez-vous que j'avais eu au 115, le Samu social.

Pour comprendre, il faut s'accrocher. Le problème venait de loin. Du jour, où, étant devant l'école de ses enfants à Stains, Romina avait passé son premier appel au 115. Ce coup de fil avait déterminé la suite. Car, tout « demandeur » téléphonant pour la première fois au Samu social depuis un département francilien, hors Paris, y demeurera toute sa vie rattaché. Peu importe qu'il se soit ce jour-là trouvé totalement par hasard en Seine-Saint-Denis ou dans les Hauts-de-Seine. Peu importe qu'il soit par la suite placé dans un hôtel social parisien et y vive longtemps. Du point de vue administratif, c'est plié.

Le truc marche, aussi, en sens contraire. Si un SDF, venant de la Seine-Saint-Denis, fait appel au 115 en se trouvant fortuitement à Paris, son parcours au Samu Social en sera également conditionné. Il dépendra pour toujours de celui de Paris. Autant dire que ces labels, « Paris », « 93 », « 92 » ou « 95 » sont plutôt risibles, puisqu'il n'existe qu'un seul Samu social pour toute l'Île-de-France.

Ces méandres administratifs et abscons ne s'arrêtent pas là. Normalement, une assistante sociale est chargée des habitants de son secteur, qu'elle reçoit dans leur quartier. Logique. Et trop simple, sans doute. Car, pour une raison ignorée, les Roms sans logis se voient la plupart du temps attribuer un travailleur social de la Croix-Rouge. Pas celui du secteur où ils vivent.

C'était le cas de Romina. Elle avait beau habiter Paris et ses enfants y être scolarisés, sa recherche de logement est, pour toujours, cantonnée à la Seine-Saint-Denis avec une assistante sociale de la Croix-Rouge. Impossible de rien y changer.

Le tout me semblait ahurissant et pour tout dire débile. Je m'en suis ouverte au Samu social où l'on a reconnu que « c'était là une très étrange organisation, totalement incompréhensible ».

Romina et moi sommes tombées d'accord sur ce point et d'accord aussi pour convenir qu'elle n'aurait jamais dû être aussi mal accueillie à la mairie, puis chassée sans explication. Mais qui peut expliquer un règlement aussi stupide ?

Dans la foulée, elle s'était rendue à la Caisse d'allocations familiales à Paris où, au vu de ses documents, on lui avait fait observer que son numéro la rattachait à celle de la Seine-Saint-Denis. Elle y avait filé et en était revenue épuisée : « C'est terrible, là-bas, j'ai fait la queue dehors de 11 heures à 17 heures, avec tout le monde qui se crie dessus : Non, toi, tu étais derrière, moi j'étais devant ! »

Elle avait fini, comme souvent, par obtenir ce qu'elle voulait. Un bout de papier qui lui donnerait droit à ses allocations.

En attendant, les assistantes de la Croix-Rouge qui se sont succédé chez les Lingurar étaient, entre autres, chargées de la lourde tâche de leur dénicher un logement. Il faut bien reconnaître que, jusqu'ici, leurs efforts n'ont guère porté. Sans doute doivent-elles gérer une masse énorme de dossiers, face à un vide non moins énorme de solutions. En tout cas, depuis quelques semaines, la dernière assistante en titre, peut-être lassée, ne répondait plus aux appels répétés de Romina, qui poursuivait son rêve d'appartement.

Rien ne marchait. Ni Solibail, ni les associations solidaires et surtout pas la fameuse loi Dalo, censée donner un logement à ceux qui n'en ont pas. Elle avait rempli un nombre incalculable de formulaires, fourni autant de papiers en autant d'exemplaires qu'il fallait. Fin 2015, elle y croyait :

« On a déjà le code unique du logement Dalo, j'ai reçu une lettre, c'est écrit que le logement sera dans le 93 et, au 115, on m'a dit de prendre rendez-vous avec mon mari et tous les papiers pour parler. »

Mais rien n'aboutissait, et Craï se sentait obligé de tempérer les impatiences de sa femme, en répétant :

« C'est normal d'attendre longtemps, on est roms... »

Ces interminables délais donnaient raison à ce maire d'une commune qui avait déclaré :

« La loi Dalo, c'est la loi qui rend fous tous ceux qui s'y frottent. Responsables, bailleurs, services sociaux et demandeurs ! »

Pour justifier les refus ou les réponses qui n'arrivaient jamais, les explications variaient selon les personnes consultées. Une fois, c'était le numéro d'attribution de la fichue loi Dalo qui n'était pas « le numéro unique permettant de trouver un appartement dans Paris ». Certes. Mais son assistante de l'époque lui avait pourtant bien assuré que ce numéro était valable « pour Paris et la grande couronne ». Ou bien, c'était son salaire de 1 080 euros qui était insuffisant. Mais avec les allocations, elle arrivait à 2 100 euros par mois. Ou bien, c'était la taille du logement pour six personnes qui le rendait difficile à trouver. Mais sa voisine de l'hôtel social venait de déménager dans un vrai appartement et sa famille comptait autant de membres que celle de Romina. Pourtant, toutes ces « assistantes » lui assuraient qu'elle était « prioritaire » et même « super-prioritaire ». Romina s'en rongeait les sangs, y pensait nuit et jour. Peut-être était-ce parce qu'elle n'aurait pas pu payer les 1 080 euros de loyer pour le F4 à Thiais, trouvé par une association solidaire ? Mais, d'un autre côté, n'était-ce pas la responsable de cette même association, qui avait elle-même critiqué le prix du loyer en lui disant : « Pour un F4 à Thiais, c'était beaucoup trop cher et bien trop cher pour elle de toute façon. »

Surtout, Romina s'effrayait d'un logement « solidaire » d'une durée maximale de dix-huit mois !

« J'ai dit moi j'ai peur, ici à l'hôtel c'est sûr, mais quand je sors de Thiais, après les dix-huit mois, je vais où avec mes quatre enfants ? »

« Oh là là, se lamentait-elle encore, on me dit "tu n'as pas les ressources", mais moi je suis pas la femme d'un riche avec des 3 000 euros à la banque. »

Et elle râlait :

« Je suis très pressée, en août 2017 mon contrat à la régie de quartier c'est fini, et après ? Et toutes les fois où je change d'assistante, la nouvelle dit toujours "donne-moi les papiers pour trouver le logement", mais je les ai déjà donnés, c'est toujours les mêmes. Ma nouvelle assistante me dit qu'elle va trouver, parce qu'elle en a trouvé des logements pour les familles ! Mais moi, ça m'énerve beaucoup, pourquoi les autres et pas nous ? Elle me dit que le directeur de l'association, je sais plus laquelle, est méchant, mais moi, je m'en fiche qu'il est méchant, s'il me donne un logement ! Et elle n'a même pas téléphoné pour savoir pourquoi c'était si cher ! »

Elle tournait vraiment en bourrique, ne sachant plus où, ni à qui s'adresser, ni quel papier remplir :

« Je comprends vraiment pas, j'ai tout fait, le Dalo, la mairie, les demandes aux solidaires ou Solibail, ou je ne sais pas, mais rien n'arrive et, là, mon assistante de la Croix-Rouge m'a appelée. J'ai dit :

"Ah, madame, ça y est, vous avez la bonne nouvelle pour nous !

– Non, elle m'a dit, je vous téléphone pour vous dire que je pars en vacances, et voilà le numéro où appeler quand je suis absente, mais seulement si c'est une extrême urgence."

Elle répète tout le temps :

"Madame Lingurar, tout ira bien quand ton mari aura un travail !"

Mais moi je crois qu'elle travaille rien du tout pour nous et qu'elle parle avec sa bouche, c'est tout ! L'autre assistante, celle d'avant, la jeune, elle travaillait beaucoup ! Elle m'appelait :

"Madame Lingurar, je suis très, très contente pour vous, ça y est, j'ai une proposition de logement à Villeneuve-Saint-Georges ! C'est formidable, c'est allé très vite !"

Ça n'a pas marché, je sais pas pourquoi. Dominique avait regardé l'adresse sur son Internet et elle avait dit que ce n'était pas grave, le quartier n'était pas bien pour nous et surtout pour les enfants. Après, l'assistante avait trouvé à Thiais, avec l'association des solidaires, ça n'a pas marché. Mais elle travaillait très très bien et je suis sûre qu'avec elle j'aurais déjà l'appartement !

Pourquoi, ma bonne amie, Rada, qui travaille dans les poubelles et qui a un mari qui travaille pas et touche le chômage, pourquoi ils ont eu un F2, avec une entrée grande, un salon, une chambre, une cuisine, des toilettes ?

C'est un HLM, ils payent 300 euros par mois et ils sont roms ! Et pourquoi pas nous ? Je suis très jalouse, parce que moi je rêve du F2 de Rada, nous on est six dans une seule chambre et je gagne 1 000 euros par mois et 2 000 avec les allocations… Mais l'assistante de la Croix-Rouge a dit :

"Non, madame Lingurar, ça c'est trop petit pour vous, vous avez quatre enfants !"

C'est très bête ! Nous, on vit dans une seule pièce et elle me dit jamais :

"C'est pas possible de rester à l'hôtel, c'est trop petit !"

J'ai décidé que demain, j'appelle la dame de l'association à Ivry, celle qui avait le F4 à Thiais. Je vais lui dire :

"Madame, moi, j'ai rien refusé, j'ai dit juste 1 080 euros c'est cher, mais avec les allocations, je peux payer et c'est l'assistante qui a dit : tu es refusée." »

Cet appel de Romina à l'association n'a rien donné ni débloqué.

Pourtant, se plaignait-elle, encore, en examinant sa feuille de paye, on lui soustrayait de son maigre salaire : « beaucoup, beaucoup d'argent en moins, et ça fait très, très cher. »

Je lui ai immédiatement tenu un discours bien moralisateur, destiné à lui prouver que les retenues sur salaire sont aussi normales que salutaires. D'abord, lui ai-je expliqué, c'est le lot de tous ceux qui travaillent, de moi, de tous mes amis et même des grands patrons, tous nous cotisons à la sécurité sociale, au chômage, à la retraite et, tous, nous payons aussi des impôts, grâce auxquels sa famille – et bien d'autres – a cette chambre à l'hôtel social.

Les impôts servent aussi à financer l'école publique, les soins gratuits, les transports, les routes… Les retenues sur les salaires vont au chômage, aux allocations et à une foule de choses dont nous étions tous satisfaits qu'elles existent, et dont il lui fallait prendre conscience.

Elle a ouvert de grands yeux et j'ai compris qu'elle n'y avait, sans doute, jamais pensé. Malgré ses 30 ans, sa vie branlante et ses quatre gamins, Romina a gardé un côté un peu insouciant. Et heureusement…

Une rapide multiplication nous a permis de calculer le prix de l'hôtel social. À raison de 17 euros la « nuitée » par personne vivant dans la chambre, il en coûtait au Samu social

– à l'État, donc – environ 100 euros par jour, soit 3 000 euros par mois rien que pour sa famille. En trois ans à l'hôtel social, celui de Paris et ceux d'avant, en banlieue, l'addition s'élevait à environ 110 000 euros.

« Mon Dieu, mon Dieu », marmonnait Romina, pétrifiée, devant l'énormité du chiffre.

À la suite de quoi, nous avons fait une opération consistant à soustraire de ces 3 000 euros – réglés chaque mois par l'État afin qu'ils habitent à six dans une pièce – les 1 080 euros du loyer de Thiais, où ils auraient vécu à six dans quatre pièces. Soit 3 000 – 1 080 = 1 920 euros. Presque 2 000 euros auraient pu être économisés par l'État en réglant leur loyer, chaque mois, au lieu de payer l'hôtel. Et même bien plus, en leur demandant une participation, disons de 500 euros mensuels, ce que permettaient les ressources de Romina.

Nous sommes arrivées à une possible économie de plus de 90 000 euros, en trois ans. Perdus, comme jetés à la poubelle. Les spécialistes diront que ce ne sont pas « les mêmes caisses » et qu'elles ne peuvent pas se compenser entre elles. Une absurdité de plus…

Très critique, un rapport de la Cour des comptes révèle qu'en 2014 l'État a payé à des hôteliers 32 300 nuitées pour les sans-abri. Une hausse de 131 % par rapport à 2010. En 2015, les choses empiraient avec 37 950 nuitées, pour la somme astronomique de 234 millions d'euros. Le coût d'une personne à l'hôtel est évalué à 6 234 euros par an. À multiplier par le nombre de membres d'une famille.

Selon la Cour des comptes, la situation à Paris est pire qu'ailleurs, avec 64 % de ménages sans logis hébergés plus d'un an à l'hôtel, quand la moyenne nationale se situe à 36 %.

Parmi tant d'autres, la famille d'Amadora illustrait à merveille le propos de la Cour des comptes. Un parfait résumé de l'aberration de cette politique dite « du logement ».

Il n'y a pas que la Cour des comptes à en relever l'incohérence. Nombre de journalistes ont, depuis vingt-cinq ans, au bas mot, multiplié les reportages et analyses sur le coût effarant des « hôtels sociaux ». Et ironisé sur la manne divine qui pleut sur leurs gestionnaires ou propriétaires. Parmi d'autres, l'affaire dite « des Maliens de Vincennes » reste particulièrement marquante, justement parce qu'elle remonte au début des années 1990.

Ils étaient quelques centaines à avoir installé leurs tentes à côté du château et en avaient été expulsés au bout de plusieurs mois. Les « résidents » de ce village de bâches plastique avaient été dispatchés dans toute l'Île-de-France. Certains avaient atterri dans de petits hôtels parisiens plus ou moins miteux. Les hôteliers faisaient la tête. Mécontents de voir leurs chambres réquisitionnées par la préfecture et de l'afflux de pauvres hères, nuisant, selon eux, à leur « clientèle habituelle ».

Six mois s'étaient passés et l'État continuait de régler les loyers. La saison estivale s'annonçait, lorsque, tout à coup, plusieurs de ces hôteliers grincheux avaient prétendu que des travaux aussi urgents qu'obligatoires les contraignaient à vider leurs chambres. En douce, ils se plaignaient aux journalistes de tous les tracas et déprédations causés par ces hôtes imposés. Ils en faisaient même une des principales causes de ces travaux.

Mais, petit à petit, nous avons vu leurs bouges changer d'allure. Ici, un hall en pierre, là un comptoir en marbre, des salles de bains, des WC supplémentaires, des peintures rénovées. Et bien sûr des prix en hausse, pour des clients plus aisés.

Cette fable, véridique, a aujourd'hui gardé toute sa fraîcheur, sa portée, toutes ses interrogations. Comment, vingt-cinq ans après, pouvait-on en être – presque – au même point ? Tout cet argent public englouti n'aurait-il pas trouvé meilleur usage en servant à construire ou à acheter pour loger les démunis ? Et, parmi eux, la famille d'Amadora.

CHAPITRE XXXV

Sans dents…

Début 2017, Romina s'est fait arracher à peu près toutes les dents, elles étaient pourries, mauvaises, cariées et infectées. Un an et demi, auparavant, j'avais dû l'emmener en urgence chez mon dentiste pour soigner un énorme abcès qui la défigurait.

« Vous ne pouvez pas laisser les choses comme ça, il faut absolument revenir et faire soigner vos dents », lui avait-il recommandé, en énumérant les mille maux dont elle allait souffrir si elle ne faisait rien. Mais, à l'époque, Romina n'avait ni la sécu, ni la CMU-C, ni rien du tout, sauf l'aide médicale d'État, qui ne lui permettait pas d'entamer un tel chantier dans sa bouche. Maintenant que, grâce à son travail, elle avait la sécu, elle était retournée chez une dentiste qui avait commencé par extraire ses molaires. Et, la fois d'après, elle avait, d'un seul coup, arraché toutes ses dents du haut.

Même si Romina cachait derrière un foulard son sourire édenté et honteux, elle nous avait annoncé, radieuse, que le docteur allait lui poser des implants, entièrement gratuits, « grâce à la CMU-C », cette formidable, cette magnifique couverture maladie universelle de la France. Ses enfants se moquaient un peu d'elle :

« T'es drôle comme ça maman, on dirait une bouche de bébé. »

Mais chacun devait reconnaître que Romina avait affronté la douleur et ses suites pénibles avec courage.

C'en était également fini, avait-elle décidé, de ses quatre dents en or qu'elle arborait, orgueilleusement, depuis qu'un Gitan de Bagdad les lui avait posées à Naples. Un fameux orfèvre que ce dentiste improvisé à qui Craï et Romina avaient apporté des petits bouts d'or à fondre, et grâce auxquels, il avait fabriqué ces quatre dents pile à la taille de celles de Romina. Tous deux étaient restés impressionnés devant tant de dextérité à fondre et à façonner l'or pour en faire de si belles dents. Ah l'or ! Romina dit « la or », comme s'il s'agissait d'une chose sacrée.

« Oui, je dis LA OR, parce qu'il est tellement beau ! Et moi j'adore LA OR. Nous, les Gitans, on aime beaucoup la or. C'est très, très utile. Quand je n'ai pas d'argent, je porte mon or chez ceux qui prêtent de l'argent, et je rembourse tous les mois pour le reprendre. »

Venu d'Irak, donc, ce « Gitan de Bagdad », une tribu assez méconnue, aimait raconter à ses patients captivés que son pays comptait très peu de voleurs, pour la bonne raison, qu'on leur coupait la main, leur expliquait-il, avec force grands gestes sauvages. Craï en était resté ébahi et mimait le Gitan, tranchant les os d'un bon coup de couteau.

« Non, répétait-il, là-bas, pas de voleurs, très, très dangereux de voler à Bagdad. »

Désormais, si Romina baladait une bouche vide de dents, elle n'en était pas moins ravie, son dentiste lui en ayant donc promis, sous peu, de belles, blanches et saines. Cela me semblait archi-bizarre. Jamais, je n'avais entendu parler d'implants gratuits grâce à la CMU. Au contraire, autour de moi, les exemples ne manquaient pas de copains, contraints de porter un dentier, que la Sécu ne remboursait même pas en totalité.

« Tu es vraiment sûre ? lui avais-je demandé. Je ne crois pas que la CMU permette ça...

– Mais oui ! s'enthousiasmait-elle, tu vas voir ! La dentiste m'a bien expliqué, je vais avoir des IMPLANTS ! »

Je ne voulais pas gâcher sa joie, mais après avoir vérifié ce à quoi donnait droit la CMU, je lui ai expliqué que non, les implants n'en faisaient pas partie.

Elle avait haussé les épaules :

« Tu verras ! La dentiste, elle est gentille, elle m'a montré la vidéo de l'opération sur Internet et je la regarde tout le temps, maintenant, sur le téléphone, je vais avoir de belles dents ! Ça me fait très peur, mais c'est pas grave, tout est gratuit ! »

Toute guillerette et malicieuse, elle ajoutait :

« Tu dis que tes amis sont jaloux de mes implants gratuits ? Mais tu peux leur dire de venir me voir, je vais leur expliquer ! Ou alors, ils peuvent aller chez ma dentiste. »

Les jours passaient et Romina est revenue de son rendez-vous chez la dentiste avec quatre dents, au fond de sa bouche, deux de chaque côté, qu'elle montrait fièrement :

« Tu vois, d'abord ça, et après les autres ! »

En attendant le pactole, elle portait un dentier qui la gênait pas mal, mais patience !

Un mois plus tard, elle rentrait, désenchantée, d'un ultime rendez-vous :

« Non, j'aurai pas mes implants Ma dentiste, elle m'a laissée tomber. Elle m'a dit : “Madame Lingurar, c'est fini les soins, voilà, vous revenez si vous avez mal ou si ça ne va pas. J'ai dit : “Et mes implants ?” Elle a dit : “Non, il y aura pas les implants, vous gardez votre dentier... Tu crois, Dominique, que j'avais mal compris ? »

Dépitée, elle disait qu'en Roumanie :

« Pour 1 000 euros, tu as tous les implants du haut et pour 2 000 euros, le dentiste te fait tous les travaux en bas et en haut. »

C'est vrai, lui ai-je dit, beaucoup de Français vont se faire changer les dents en Roumanie, à cause ou plutôt grâce aux prix des dentistes roumains.

« Oui, oui, acquiesçait Romina, mon frère Sorin il paye 30 euros pour un implant ! Et moi si je savais que ce serait pas des implants, jamais je laissais la dentiste sortir toutes mes dents dehors comme ça ! Je peux pas vivre avec cet appareil, ça bouge tout le temps… »

Elle s'y est habituée…

CHAPITRE XXXVI

Craï s'entraîne

Craï continuait de baragouiner son sabir, à mi-voix, intimidé, assurait-il. L'expérience du français parlé « tout le temps à la maison » n'avait guère duré. Il n'avait pas eu son travail dans la sécurité, il avait raté le test. Au retour de l'examen, il était sûr d'avoir « presque » réussi, mais son air penaud disait le contraire, surtout quand il nous avait raconté :

« La dame m'a demandé d'écrire, mais j'ai dit : "Madame, moi pas connaître écrire français." »

À l'annonce du résultat, qui le recalait, il s'était pris la tête dans les mains :

« Pourquoi, pourquoi, Dominique, je lis si bien le français et je le parle pas ? Pourquoi ? »

Je lui répétais qu'il fallait de l'entraînement, j'essayais, sans trop le vexer, de lui vanter les progrès de Romina, je lui disais de se coller les écouteurs sur les oreilles et de répéter les leçons d'un livre-CD que je leur avais donné et qui délivrait des cours de français aux Roumains. Mais rien n'y faisait.

Il y eut même des moments gênants. Le jour, où, grâce à un ami, Craï et Romina ont rencontré le responsable d'une société de nettoyage. Elle s'en était sortie comme une chef. Craï, en revanche, ne parvenait pas à répondre aux questions. Il ne les comprenait pas. Et, quand il les comprenait, il n'arrivait pas non plus à articuler une seule phrase.

Je revois le type, sympa et soucieux de le préparer à l'examen de Pôle Emploi, lui faire ânonner au moins dix fois :

« Comment vous appelez-vous ? – Je m'appelle Craï Lingurar et j'ai 43 ans. »

Facile !

« Pourquoi êtes-vous venu de Roumanie ? Alors répétez bien après moi : – Je suis venu pour travailler en France et nourrir ma famille. »

Et : « Quelles sont vos spécialités ? Allez, répétez : – Je suis mécanicien, je suis aussi agent de nettoyage et je suis robuste et fort, je peux déménager des meubles et porter ce qu'on veut. »

Bien ! s'exclamait le gars après chaque victoire. Cependant, dans la pièce, chacun regardait par terre, se disant que ça n'allait pas être facile… Ça ne l'a pas été, mais, grâce à un ami miraculeux, Craï et Romina ont obtenu, chacun, une promesse de travail. Elle dans le nettoyage, lui dans le bricolage et la manutention. Ils étaient allés ensemble au rendez-vous et en étaient revenus, enthousiastes, ils seraient embauchés en septembre 2017. Du moins, peut-être… C'était l'espoir, le bonheur !

CHAPITRE XXXVII

Le Médiateur

Le 20 juin 2017, Romina m'a téléphoné « Dominique, pardon skouze-moi sivouplé, je te dérange vous ? La famille ça va ? Tout ça va ? » a-t-elle démarré, comme toujours. L'affaire était d'importance, il s'agissait de rencontrer le Médiateur de la mairie pour qu'il examine son fameux « dossier logement », dont le volume grossissait au fil des démarches et déceptions. Romina redoutait d'y aller seule et sa « bonne amie », la gardienne de la cité où elle travaille, qui avait promis d'y aller avec elle, était finalement indisponible. D'ailleurs, il valait mieux. Au dernier rendez-vous, cette bonne amie avait fini par crier et balancer des insultes au responsable de l'accueil, à la mairie, au prétexte que l'assistance sociale qui devait les recevoir, était « en arrêt-maladie » et avait omis de se décommander.

Nous sommes tombées sur un homme affable, imposant, installé dans un grand bureau et qui nous a gentiment priées de nous asseoir près de lui autour d'une immense table. Son rôle, nous a-t-il expliqué, est d'élaborer un rapport après avoir écouté ce que Romina avait à lui dire.

La conversation a débuté par des questions

« Vous ne travaillez pas ?

– Oui je travaille ! À la régie dou quartier, je suis agent de nettoyage.

– Ah, et il vient d'où votre accent ? »

À ces mots, Romina s'est tournée vers moi, étonnée, car elle est persuadée de parler sans une seule trace d'accent et nous l'a souvent dit, à ses enfants et à moi. Vexée, elle a fini par répondre, du bout des lèvres :

« Je viens de Roumanie… »

Le Médiateur était aux anges, il l'avait deviné :

« Ah, bien, bien, de l'Est, je le savais ! Ma femme de ménage est moldave et vos accents se ressemblent. »

J'ai rigolé devant l'air surpris de Romina, le Médiateur aussi et il a embrayé :

« Alors, qu'est-ce qui vous arrive ?

– J'ai le Dalo prioritaire, et super-prioritaire, ça fait deux ans…

– Pour qui ?

– Bah, pour nous !

– Oui, mais c'est qui nous ?

– Mon mari et mes quatre enfants, a déclaré Romina en écartant quatre doigts et en en ajoutant deux. On est 6.

– Et vous demandez quoi ? Un F4 ?

– Euh… oui, je crois.

– Et donc, vous avez un dossier logement ? Faites voir les papiers. »

Le Médiateur s'est plongé dans les feuillets retirés du précieux classeur en plastique et il a soupiré :

« Enfin, madame, vous demandez très peu de départements, très peu de quartiers dans Paris, et pas assez de banlieues ! Vous comprenez, plus vous élargissez le choix, plus vous avez de chances !

– Nous on a marqué les villes que nous on connaît et les départements que nous on connaît ! »

Le médiateur n'en revenait pas :

« À Paris, vous demandez le XIe, le XIIe et le… XVIe, non mais vous plaisantez ou quoi ? Le XVIe ? Il n'y a aucun logement social là-dedans !

– Mais je connais, là-bas, j'ai fait des ménages », a rétorqué Romina.

Le Médiateur a gentiment haussé les épaules et il a poursuivi :

« Deux ans de Dalo, c'est pas beaucoup, hein ! Il y a des gens qui attendent bien plus longtemps. Et je vois que vous devez former votre recours Dalo avant fin septembre.

– Oui, mon assistante sociale va le faire, mais elle est malade et personne pour remplacer et, après, ils m'ont envoyée ici, vous voir. »

Sachant que mieux valait tout dire au Médiateur, j'ai interrompu Romina :

« Tu dois parler de l'appartement qu'on te propose à Gournay-sur-Marne. »

Ah Gournay-sur-Marne ! Le sympathique Médiateur rayonnait :

« Je connais, c'est tout petit, et très joli, très calme, bon, c'est un peu loin du RER, mais il y a des bus ! »

Romina s'est alors lancée dans la description de l'immeuble qu'elle était allée voir, la veille, avec Craï, après que l'association lui avait donné l'adresse. Un petit immeuble, entouré d'un jardin, dans une rue calme, une école et un collège à proximité. Plein d'arbres et de verdure. Une jolie ville, des fleurs, une école à côté. Un rêve.

« On a mis 1 h 15 pour aller, et pareil pour revenir, l'immeuble, c'est joli, le quartier c'est très, très joli. C'est un peu loin, parce que mon mari et moi, si on commence un travail dans une grande société de nettoyage, à Saint-Denis, j'ai peur qu'on soit pas à l'heure, si on commence à 6 heures le matin… »

Le Médiateur a hoché la tête et prodigué ses conseils :

« Écoutez, demandez à votre employeur s'il a une petite idée des endroits où vous allez travailler, vous dites que vous allez avoir un logement peut-être et que vous voulez être de bons employés arrivant à l'heure… Vous savez, il y a des milliers de gens qui travaillent à Paris et viennent de loin avec trois heures de transport. Et ne faites pas un recours Dalo, alors qu'on vous propose un logement, on va vous rire au nez ! Vous savez qu'il y a des dizaines de milliers de dossiers sans aucune réponse ? »

Il a repris le tas de paperasses :

« Bon, après le provisoire, il faudra un logement stable. Alors, vous me rayez les villes que vous demandez : Stains, Sevran, Pierrefitte, Drancy, Saint-Denis ! Là-bas, entre nous, il y a des coins un peu craignos, comme on dit ! Je serais vous, je ne prendrais pas, parce que c'est pas dans les beaux quartiers qu'on va vous mettre, hein ! Ce sera des cités, gangrenées par la drogue, la délinquance, la violence. Alors je ne vous dis pas de demander une HLM à Neuilly-sur-Seine, il n'y en a pas ! Mais vous prenez une carte des transports, vous voyez ce qu'il y a de pratique et vous choisissez au mieux. »

Optimiste et pragmatique, il a imaginé la suite :

« Si au travail vous commencez vers 5-6 heures et finissez après minuit, il va falloir vous organiser pour les enfants ! Je ne sais pas moi, avec un vélo ou une mobylette, c'est ça qu'on voit à ces heures-là dans les rues, les facteurs et le nettoyage ! Alors vous demandez le nord de Paris, le 93, mais attention pas n'importe où ! Et puis le 92 et le 95 ! »

Une semaine plus tard l'association solidaire a fait savoir que le logement de Gournay avait été attribué à une autre famille, qui avait les ressources nécessaires pour le F4 à 1 000 euros.

« Il faut nous envoyer une promesse d'embauche, a insisté la responsable de l'association, sinon vous n'aurez pas de logement ! Mais attention, si, malgré tout, on vous en attribue un, vous n'avez pas le droit de le refuser ! »

Quelques jours ont passé et Romina s'était jugée très maligne en contactant elle-même une autre association solidaire basée à Montreuil et qui avait trouvé un appartement à l'une de ses amies. Elle racontait sa démarche, intercalant comme toujours – je n'ai jamais compris pourquoi – mon nom quasiment après chaque mot. Un peu comme les Toulousains dont chacun sait qu'ils ponctuent chaque phrase de leur célèbre « con ! ».

« Oui, Dominique, je prenais mon café, Dominique, et je réfléchissais. Alors j'ai appelé toute seule l'association. La première fois, j'avais déjà téléphoné, Dominique, et ils m'avaient dit :

“Madame, tu as une assistante sociale ?” j'avais dit non et ils m'avaient répondu : “Alors, madame, on peut rien pour toi.”

Quand j'ai encore téléphoné, ils m'ont dit : “Ça va, madame ? Tu as une assistante sociale ?” Moi j'ai dit : “Oui, bien sûr !” Ils ont demandé mon numéro de dossier, Dominique, et ils ont dit :

“Madame, ton dossier c'est Paris, on peut rien pour toi !” Mais moi, Dominique, j'avais déjà pensé à ça et j'ai dit :

“Oui, mais je suis logée du 115 depuis très longtemps et mon premier appel à 115, j'étais dans le 93, pas Paris.”

Ils ont dit :

“Ah, madame, d'accord, bouge pas, on cherche.”

Il y a eu de la musique et la dame très gentille a dit qu'ils allaient nous faire une proposition. »

La responsable de l'association avait décrit à Romina le fonctionnement de la commission :

« Il y a trois familles pour le même logement, si une a des ressources meilleures que moi, je tombe et l'autre famille aussi, si elle a moins, à la fin, il en reste une seule. »

À nouveau, enfants et parents se sont repris à rêver du « vrai logement ». Une semaine plus tard, ça y était ! Un F4 à Drancy pour 700 euros par mois.

Nous nous sommes jetés sur Internet, pour voir l'immeuble et y avons filé aussitôt, Romina, Craï et moi. Nous en sommes revenus catastrophés. À l'adresse dite, comme l'avait prédit le Médiateur, c'était « craignos ».

« L'immeuble, c'est très très grand, résumait Romina, il y a beaucoup de jeunes partout dans la rue, qui font beaucoup de bruit avec les motos et tous ils fument, ils crient, ils nous regardaient tout le temps, je crois qu'il y a de la drogue, c'est pas bon du tout pour les enfants… »

Elle a donc protesté auprès de l'association. Ces 700 euros, c'était bien trop cher pour elle, avec quatre enfants, puisque son contrat à la régie de quartier prenait fin au 31 août et qu'elle ignorait encore quand elle et Craï seraient vraiment embauchés dans la société de nettoyage.

« Pas question de refuser si la commission donne son accord », a répété la responsable.

Sinon, fini l'hôtel social. Romina, son mari et leurs quatre enfants seraient tous mis dehors.

Restait une échappatoire. L'association ne cessait de leur réclamer une attestation d'embauche au 1er septembre « pour calculer si vous pourrez payer le loyer ». Romina a commencé à prier pour que leur futur employeur ne l'envoie pas ou que la Poste soit en retard et que l'attestation ne parvienne qu'après la réunion de la commission d'attribution des logements. J'avais en tête une autre solution. Nous allions nous adresser au DAL (Droit au logement), l'association qui lutte pour et avec les sans-logis.

CHAPITRE XXXVIII

En 6e !

Juste avant les grandes vacances, je suis arrivée chez Amadora, dans l'après-midi. Il régnait une ambiance de plomb. Sa mère m'a brandi sous le nez le carnet de correspondance de sa fille. Amadora y avait écrit ces mots, dictés par Romina :

« Excusez-moi, svp, Amadora n'ira plus jamais à l'étude le soir ! »

« Tu sais pourquoi, Dominique ? grondait Romina, en colère. Regarde ce qu'elle a écrit la maîtresse : "Amadora bavarde sans cesse à l'étude avec ses copines." Moi je suis très fâchée, je paye beaucoup pour l'étude et elle ne fait rien, elle parle, elle s'amuse tout le temps ! »

Amadora gardait les yeux baissés, déconfite, j'ai pris sa défense :

« C'est normal quand même de rire avec ses amies ! C'est pas si grave ! »

Surtout, j'avais en tête qu'à 11 ans elle s'occupait de ses frères et sœurs, cela depuis ses 7 ans, quand ses parents n'étaient pas là, elle leur faisait à manger, balayait et rangeait quand ils mettaient tout en l'air, les faisait jouer dans la chambre, puisqu'il leur était à tous interdit de mettre le nez dehors et encore moins d'aller au parc à côté, quand elle était seule avec eux.

« Je ne suis pas d'accord, ai-je poursuivi, Amadora est brave et elle fait beaucoup de progrès à l'école ! »

Craï est intervenu, renchérissant aux côtés de sa femme :

« Non, non, non, je lui fais des dictées et elle a beaucoup de fautes ! »

J'ai demandé des exemples, puisque Amadora et moi faisons beaucoup de dictées et qu'elle fait peu de fautes quand elle s'applique.

Craï a farfouillé et m'a tendu une feuille de papier avec la dictée d'Amadora. Bourrée de fautes : « Merci de apportez votre sac, content dou less pains… » et ainsi de suite.

« Tu vois, pestait Craï, moi je la aide pour école, moi je prends les feuilles de la école et je lis et elle ne sait pas écrire bien du tout. »

Amadora avait quasiment les larmes aux yeux et j'ai réclamé le fameux imprimé dont Craï se servait pour faire travailler sa fille. Il s'agissait des recommandations de l'école, à l'occasion d'une sortie : « Merci d'apporter votre sac, contenant du pain et de quoi faire des sandwiches et des vêtements chauds car nous allons rentrer tard… »

« Craï, lui ai-je dit, tu peux me lire la dictée ? »

Il s'est mis à lire :

« Merrrci, apporrrtezze votrrre sac, contennnt dou lou paine… »

– Mais enfin, Craï, tu te rends compte ? Comment tu veux qu'elle fasse ? Tu ne lis pas vraiment en français !

– Ah bon ? il a dit, un peu offensé. Je pensais que oui… »

Sur ce j'ai pris le carnet de correspondance, sur lequel j'avais écrit à maintes reprises des mots d'absence ou des demandes de rendez-vous et mon œil a été attiré par un imprimé qu'Amadora y avait collé.

C'était marqué : « passage en 6e », et « objectifs partiellement atteints ».

Je les ai regardés, éberluée :

« Vous avez vu ? Amadora passe en 6e !

– Quoi en 6e ?

– Oui, elle passe dans la classe supérieure, elle va au collège !

– Ah bon ? Je savais pas, a soufflé Amadora toute surprise.

– Amadora, je lui ai dit, tu n'avais pas compris ? Personne ne te l'a dit ?

– Non, personne, et j'avais rien compris, j'ai même pas lu le papier ! »

Elle était rouge de confusion. Je l'ai serrée dans mes bras, j'ai félicité ses parents et nous avons tous chanté :

« Bravo, bravo Amadora qui passe en 6e ! »

« Comment je pouvais savoir ? a joyeusement fait observer Romina, je sais pas bien lire et je comprends rien à tous ces papiers… »

Tout était là, en quelque sorte, résumé de ce qu'on appelle la « fracture sociale » et la « fracture numérique ».

D'abord, Romina et Craï étaient incapables de vérifier si les devoirs de leurs enfants étaient faits et bien faits, si les leçons étaient apprises ou pas. À peine repéraient-ils si leurs notes étaient au niveau ou pas. À peine saisissaient-ils quelques bribes des mots laissés par la maîtresse sur le carnet de correspondance, comme « Amadora bavarde trop… ».

Ensuite, dans leur logis exigu et bien rempli, comment se concentrer, apprendre un poème, réciter les conjugaisons, les tables de multiplication, faire des divisions, comprendre les fractions ? Tant de choses simples. Mais pas dans une chambre unique où cavalent quatre enfants en pleine forme. Entre Sarko qui faisait l'andouille, le téléphone de Romina, d'où Coco faisait crachoter des sons aigus, Craï-Abel affairé à une console de jeux et la télé allumée en permanence, c'était à devenir dingue. Souvent, je réclamais le silence. Ça ne marchait qu'un temps et le bruit revenait, pendant qu'Amadora ou Craï-Abel tentaient d'apprendre ou d'écrire. Quand cela devenait vraiment trop pénible, nous descendions au café, elle et moi. Parfois avec Craï-Abel. Toujours accompagnés des pleurs déchirants de Coco et de la mine désespérée de Sarko qui voulaient, absolument, en être.

En bas, dans le hall de l'hôtel, il y avait souvent une jeune femme – amie, militante, bénévole ? – assise à une petite table, à faire réciter une fillette que je connaissais pour la croiser dans l'ascenseur. Elles faisaient les devoirs. Comme moi, sûrement lassée, elle fuyait la chambrée pour se réfugier dans un lieu plus calme.

Enfin, il y avait Internet. En raison des incessants déménagements des habitants de l'hôtel social, les abonnements personnels étaient interdits. Or, l'école a un site, avec un code d'accès dévolu à chaque élève. Mais sans ordinateur ? Et sans Internet ? Amadora et moi avions essayé de nous y connecter avec mon téléphone, mais il y avait une erreur dans les codes et la maîtresse n'a jamais su comment y remédier. Dommage, le site diffusait, paraît-il, des tas d'informations très utiles.

Souvent aussi, les maîtres demandaient aux élèves des recherches sur tel ou tel sujet. L'invention de la machine à vapeur, les rois de France, la vie de Louis XIV, les différentes sortes de nuages, d'orages, le réchauffement climatique… Amadora et Craï-Abel venaient alors chez moi et imprimaient les résultats. S'il fallait approfondir, ils devaient revenir ou me demander de chercher pour eux. L'intérêt éducatif s'en trouvait un peu diminué.

Cela faisait beaucoup de handicaps pour Amadora et ses frères.

En tout cas, il y avait une chose que Romina avait cru très bien comprendre, c'était le collège où sa fille ne devait absolument pas aller :

« Même la directrice de la école m'a dit : "Je ne veux pas de ce collège pour Amadora !" »

Cela m'avait grandement étonnée, les directrices d'école, en général, ne disent pas ce genre de choses. Mais Romina n'en démordait pas :

« Elle me l'a dit ! Et moi, ce collège, je passe devant tous les jours et je vois les enfants qui sortent, ils fument, ils crient, ils se battent ! »

Je me voulais rassurante :

« Tu sais, c'est un peu dans tous les collèges la même chose. »

Mais elle avait refilé ses craintes à Amadora avec qui j'en discutais et qui m'affirmait :

« Je ne veux pas aller dans ce collège, je crois qu'il est pas bien du tout. Il y a de la drogue, c'est sûr !

– Tu n'auras qu'à ne pas en prendre ! Et où vont toutes tes amies ? Sûrement dans ce collège ! Tu le sais ? »

Amadora n'en savait rien, elle ne leur avait pas demandé. À quoi bon ? Ses amies, dont beaucoup étaient logés à l'hôtel social, allaient être amenées à déménager, c'était certain.

Nous avons rempli une demande de dérogation, en nous creusant la tête pour trouver les arguments. Nous n'en avons trouvé qu'un seul :

« À partir de septembre, mon mari et moi allons avoir un travail qui commence très tôt, vers 6 heures, le matin. Et il faudra que notre fille Amadora amène sa petite sœur et son petit frère à l'école qui jouxte le collège X, alors que celui de notre secteur est beaucoup plus loin… »

Je savais d'avance que ça ne marcherait pas. Ça n'a pas marché.

CHAPITRE XXXIX

Au DAL !

L'affaire du logement se corsait, l'appartement de Drancy leur avait été attribué pour de bon, assorti de la sempiternelle menace : un refus et, hop, tous à la rue ! J'ai parlé à Romina de l'association Droit au logement.

« Qu'ils viennent ! On est les rois du recours Dalo ! » m'avait vanté le porte-parole du DAL Jean-Baptiste Eyraud, plus connu sous le nom de « Babar », à qui j'avais exposé toute l'histoire.

Nous y sommes allés, Romina, Craï et moi, un samedi de juillet torride, tandis qu'Amadora gardait les petits. À l'accueil, une dame blonde nous a priés de patienter. C'est une vraie usine là-dedans. Toutes les trente minutes des avocats bénévoles appelaient des noms et des gens se levaient pour les suivre dans une petite pièce. De la salle d'attente, nous avions vue sur une immense table, où étaient assis, d'un côté, les militants de l'association et, de l'autre, les demandeurs de logement. Et ça pépiait, ça caquetait, en remplissant des foules de formulaires. Un type ivre et cinglé divaguait en brandissant la photo de Gandhi :

« Voilà un sage ! Ah c'est pas comme ici hein ! Ils font quoi pour nous ? Rien ! Salauds, bande de merdes ! »

Une jeune femme du DAL a voulu le convaincre de sortir. En vain.

« Hé ça va, mon vieux, l'engueulait la dame de l'accueil, vous nous cassez les oreilles, taisez-vous, du calme ! Vous commencez à m'emmerder sérieusement ! Oui, monsieur ! J'ai mon franc-parler, moi ! En plus on a trop chaud pour écouter vos conneries ! »

Mais l'autre, sur sa lancée, en rajoutait dans les imprécations. Craï s'est planté près de lui, ses gros biceps bien en vue, avec l'air de celui qui ne laissera pas les événements partir en vrille.

Babar s'est amené, il a pris le gars par le coude, il tentait de parlementer et a récolté des glapissements :

« Me touche pas, connard ! Casse-toi ou... »

Ça a pris pas mal de temps, mais l'adepte de Gandhi a fini par sortir, il est resté sur le trottoir avec son petit livre, à maugréer des insultes.

Et Babar nous a emmenés visiter les locaux. C'est grand. Il faut verser 20 euros, la cotisation qui donne droit aux conseils, aux lettres, aux recours ou à l'accès aux avocats. Ce n'est pas bien cher, pourvu que ça marche...

La situation de la famille a été vite évaluée. Une avocate des « rois du recours Dalo » le mettrait en route, dès que Romina aurait obtenu l'aide juridictionnelle.

Parallèlement, une lettre, siglée DAL, a été adressée à l'association solidaire. Il y était principalement exposé les raisons pour lesquelles le logement de Drancy n'était pas le bon. À savoir le quartier « sensible », l'école des enfants et le montant du loyer, trop élevé, étant donné que les parents n'avaient qu'une vague promesse de travail :

« Madame, Monsieur,

La famille LINGURAR, hébergée à l'hôtel social, à Paris XIIe, est adhérente de notre association. Nous l'accompagnons dans ses démarches actives d'accès au logement.

Nous souhaitons attirer votre attention sur la situation de la famille. Celle-ci a reçu le 21/07/2017 un appel de vos services au sujet d'un logement temporaire via le dispositif Solibail.

La proposition qui leur a été faite concernerait un logement situé à Drancy, pour un loyer de 700 euros. Il s'avère que la proposition n'est pas adaptée à la situation de la famille. En effet, le logement se trouve dans un quartier difficile, malheureusement connu pour des faits de délinquance. M. et Mme LINGURAR se sont rendus dans le quartier, accompagnés d'une amie. Cet environnement ne peut convenir à la famille car elle se trouve dans une situation encore précaire. Les enfants, vu leurs âges et leur parcours, ont besoin d'évoluer dans un cadre sécurisant. Depuis deux ans, ils sont scolarisés à Reuilly-Diderot dans le XIIe arrondissement de Paris et en sont très satisfaits.

Par ailleurs, Mme LINGURAR est salariée depuis le 1er août 2016 par la régie de quartier Fécamp dans le XIIe. Une solution de relogement dans le secteur avoisinant serait plus adaptée à la famille, pour ne pas rompre avec le lieu de vie et de travail actuel ou à venir.

La famille LINGURAR est volontaire dans ses démarches et souhaite accéder au logement dans de bonnes conditions. Aussi, au vu de ces éléments, nous souhaitons que soit reconsidérée la proposition qui leur a été faite, pour ne pas mettre en danger leur parcours d'insertion.

Dans l'attente de votre réponse, veuillez recevoir l'expression de nos salutations distinguées. »

C'était signé « Le DAL Paris et ses environs ».

Le résultat a un peu tardé. Pas trop. Une responsable de l'association a téléphoné à Romina :

« La dame, elle m'a dit : "Fais très attention avec le DAL, ils ne sont pas bien du tout ! Tu as vraiment envie de te trouver à la rue, dehors de l'hôtel social avec ton mari et tes enfants ? Et si tu refuses Drancy, c'est ça qui va t'arriver ! »

De ce qu'elle m'a rapporté, Romina a tenu bon :

« J'ai dit le DAL, c'est très gentil, ils font beaucoup de choses pour les gens comme nous ! Et nous, on peut pas aller à Drancy, on n'a pas encore de travail, ce sera en septembre et on est à l'essai, alors on ne sait pas encore si on peut payer les 700 euros et je veux pas que mes enfants ils vont dans un mauvais quartier et une mauvaise école, c'est très mal pour eux… »

Celle que Romina appelle « la dame dou solidaire » a consenti à lui laisser un délai jusqu'à début septembre, date à laquelle, elle lui ferait « une nouvelle proposition ». Nous en étions là. La suite était encore un mystère qui n'a duré qu'un mois.

CHAPITRE XL

« Des gens si bien… à la rue comme des chiens ! »

C'était la fin de l'école, nous alternions des parties endiablées. « Le Petit Bac », favori d'Amadora, les dominos, ou le Uno, un jeu de cartes, que Coco et Sarko avaient tellement grignoté qu'il avait fallu en racheter un autre. Le week-end, on se baladait porte Dorée, dans le bois de Vincennes. Nous projetions de retourner voir les extraordinaires poissons de l'aquarium, juste à côté, qui avaient enthousiasmé les enfants. Après le parc, nous nous installions aux tables en ferraille d'une petite guinguette bleu et blanc sur le boulevard, pour dévorer des crêpes et des glaces. Nous avions nos habitudes.

Mais l'un de nos plus chouettes après-midi fut celui du Grand Rex, le cinéma des Grands Boulevards où était projeté *Moi, moche et méchant 3*. Dès l'entrée, dans le hall recouvert de tapis rouges et pompeux, Sarko s'était cru « comme chez des rois ». Et tous restaient bouche bée, estomaqués devant la salle immense aux balcons arrondis, avec ses fauteuils majestueux et ses mille et un recoins savamment décorés. Là, un château fort. Ici, on aurait dit des fées, et une sorte de grande maison penchée. Craï-Abel était en lévitation : « Ah, ce serait si bien si on habitait là ! Tu crois qu'on pourrait ? C'est beau, mais c'est si beau ! » Nous avons décidé d'y retourner souvent.

Fin juillet, d'un coup, Romina a décidé que toute la famille partait en vacances dans la famille en Roumanie. Les enfants sautaient de joie, ça allait être la belle vie, à la campagne, avec toute leur ribambelle de cousins.

« Pardon skouze moi sivouplé, Dominique, j'ai honte, oh comme j'ai honte mais… »

Elle m'a emprunté 1 000 euros pour partir et je les lui ai prêtés volontiers. Chaque fois que je l'avais fait, elle m'avait toujours scrupuleusement remboursée.

Elle a prévenu le gérant de l'hôtel, parce que c'est très compliqué les vacances quand on est logé par le Samu social. La règle semble un peu fluctuante. Une période d'absence serait tolérée, sans que personne puisse en donner l'exacte étendue. Un luxe, sans doute. Mais pas vraiment permis aux pauvres.

À la fin du mois d'août, Romina m'a appelée de Roumanie, la voix grave et tremblante. Elle venait de recevoir un SMS de la « dame de l'hôtel », selon lequel « le Samu social avait récupéré la chambre ». Ils seraient, à nouveau, à la rue avec leurs enfants. La prédiction de « la dame dou solidaire », s'était réalisée, et sans doute y était-elle pour beaucoup.

Au Samu social, on m'a expliqué que la situation approchait de la catastrophe avec plus de « six cents personnes en famille attendant une place » et qu'il y avait eu, cet été, une grande opération de vérification des chambres libres et occupées. Pire, et même « très emmerdant », Romina aurait refusé l'appartement de Drancy. Sa fiche comportait désormais la mention « refus de sortie d'hôtel », l'équivalent d'une marque infamante, lui interdisant toute recherche d'un nouvel hôtel social.

Romina m'a dit qu'ils rentraient dare-dare, pour parlementer avec l'hôtelier, le Samu social et « l'assistante ». Mais dans la même journée, nous avons appris, elle en Roumanie et moi à Paris, que leur chambre avait été vidée, dès leur départ, fin juillet, et « réattribuée à une autre famille ». Leur télé, vaisselle, vêtements, livres, chaussures, tout ce qu'ils possédaient les attendait dans le local du rez-de-chaussée, près des poubelles.

« T'en fais pas, madame, quand tu rentres à Paris, tu appelles le 115 et tu demandes une autre chambre et surtout tu expliques que les enfants vont à l'école à Paris XIIe et que c'est la rentrée », l'avait rassurée la remplaçante de l'assistante sociale de la Croix-Rouge qui était en vacances. Depuis la Roumanie, Romina a composé le 115, étonnée que ça ne marche pas… Elle a recommencé, dès que la voiture est passée d'Allemagne en France. Des heures d'attente, sans autre réponse que la musique. Ou alors, ça coupait.

Elle m'appelait entre deux :

« On va recommencer avec les campements, pas d'autre solution. Mon Dieu, ma tête, je la sens plus, avec ce téléphone, mais ça va un peu mieux quand je te parle et quand je parle à mon assistante, la remplaçante qui est très très gentille. Ah, ces vacances, si j'avais compris avant, on serait pas partis. »

Le 28 août, en fin de journée, ils étaient à Paris. Je les ai aperçus, de loin, assis sur la margelle de la fontaine, à deux pas de l'hôtel social. Ils faisaient de grands gestes :

« On est là ! »

À l'hôtel, tout ce que contenait leur ancienne chambre était entassé dans un débarras et recouvert de leurs draps fleuris. Très gênée, la gérante de l'hôtel répétait :

« Je suis tellement désolée, ce sont des gens formidables, leurs enfants sont si bien élevés, quelle tristesse ! »

C'est le Samu social qui lui avait ordonné de faire vider la chambre, le 27 juillet, et de la réaffecter. Ce qui avait été fait dès le lendemain. L'autre responsable de l'hôtel était aussi catastrophé. Il se remettait mal d'avoir dû tout bazarder :

« Ce n'est pas normal, des gens si bien, on les met à la rue comme des chiens. »

Planté devant le petit ascenseur qui, jusqu'alors, les menait chez eux au 5e, « studio 506 », Sarko se montrait belliqueux, il voulait à tout prix rentrer chez lui et menaçait : « Je vais monter, je vais reprendre notre chambre à ceux qui l'ont volée ! »

En familiers des désastres, habitués à masquer leurs sentiments, Amadora et Craï-Abel ne disaient rien, affectant un sourire figé. Une copine de l'hôtel, amie de classe d'Amadora, s'est pointée. Elle a fait mine de ne rien voir, de ne rien comprendre. Elle a étreint Amadora, sans un mot, et a appelé l'ascenseur.

« Ne vous en faites pas, jamais je ne laisserai des amis à la rue ! » leur ai-je dit.

Ils ont ramassé quelques trucs, nous avons pris le métro et sommes allés chez moi.

Sarko avait oublié ses velléités bagarreuses, il était tout content :

« Ah oui, on va faire un bon dîner, tous ensemble, comme une vraie bonne famille ! »

Romina a recommencé à appeler le 115. En vain.

« Madame, tu as refusé le logement proposé, c'est fini pour toi », lui a-t-on répondu au bout de cinq heures.

Pourtant, d'après le DAL, et d'après d'autres « spécialistes » du logement social, la lettre envoyée à l'association « solidaire », ne comportait aucun refus du logement, mais détaillait en quoi il était « inadapté » pour la famille et les enfants. Elle n'aurait, en aucun cas, dû déclencher une expulsion. Il fallait réfléchir à un recours. J'insistais donc, de plus belle, par SMS auprès du Samu social.

Je les ai installés comme je pouvais et je les revois, tout souriant, dans leur lit. Amadora et Craï-Abel ensemble, qui lisaient des BD, Romina, Coco et Sarko, serrés dans un autre et Craï sur un matelas, par terre. On s'est dit bonne nuit. C'était rigolo, c'était une trêve.

Le lendemain soir, nous étions attablés à dévorer des pizzas que Craï était allé chercher, quand un texto est arrivé :

« Une solution temporaire a été trouvée. 15 jours d'hôtel à Livry-Gargan, jusqu'au 12 septembre. »

Cet hôtel, ils le connaissaient pour y avoir passé quelques nuits, il y a trois ans, lorsqu'ils allaient d'une chambre à l'autre.

« C'est hôtel luxe, se souvenait Romina, il n'y a pas de clé, la porte ouvre avec une carte. »

Il était 21 heures, nous avons étudié le trajet. Métro, RER, bus. J'ai écrit les directions, les stations et les changements. Ils ont ramassé leurs sacs, remis leurs chaussures. Amadora m'a prise dans ses bras, Craï-Abel aussi. Sarko pleurait :

« On va plus se revoir jamais ! »

On l'a consolé. Ils sont partis. Et, la maison, sans eux, semblait d'un coup toute vide.

Je les ai rejoints le surlendemain, dans le local à poubelles de leur ancien hôtel. Leur grand morceau de moquette rouge à longs poils avait été roulé et scotché. Un souvenir, ce tapis, on l'a vu. C'était pendant une balade avec les enfants, Romina avec son éternel sac à roulettes destiné à tout ramasser. Elle avait stoppé devant une benne où trônait le bout de moquette et l'avait déroulé, admirative

« C'est très, très beau, ça. »

Et tac, elle l'avait emporté. Toujours soigneusement balayé, il avait égayé la chambre.

Assis sur ce rouleau, qui avait été leur aire de jeu, les enfants regardaient, sans un mot, sans protester, leurs parents qui triaient. Presque tout est parti à la poubelle, sauf des vêtements, la télé blanche et les trottinettes des garçons.

« Tant pis, soupirait Romina, on n'a pas le droit d'apporter des choses dans le nouvel hôtel et la gérante, ici, elle ne peut pas garder nos affaires, alors on jette ce qui nous sert pas tout de suite. Je m'en fiche, je m'en fiche ! »

Une belle femme noire est passée, Romina l'a embrassée et a rempli son caddie de casseroles, de rideaux, de jouets, de livres, de bibelots :

« Prends tout ça, c'est beau, et les livres, les jouets c'est pour tes enfants ! »

La femme est repartie, hautaine, en tirant son sac débordant.

Ils m'ont invitée à déjeuner chez « le Grec », qui, en fait, est turc et tient un kebab sur le boulevard :

« C'est nos amis, ils sont très gentils. »

Et avec Amadora, nous sommes allées toutes les deux, au collège pour elle et à l'école pour les petits, noter les horaires de rentrée. Il ne s'agissait pas qu'ils la ratent. Ils se lèveraient très tôt, partiraient de Livry-Gargan, en voiture, direction Paris. Craï et Romina attendraient 12 h 30, la sortie d'Amadora et, plus tard, à 16 h 30, celle des petits.

Tout recommençait comme avant…

CHAPITRE XLI

« Mon retour le pire de toute ma vie ! »

Avec Dominique, on est allées au collège et à l'école, voir les horaires de la rentrée pour moi et mes petits frères. On marchait et elle me disait qu'elle me connaissait bien et que j'avais l'air triste, qu'elle le savait. Oui, c'est vrai, je suis très triste. J'ai tout de suite compris ce qui se passait, qu'on était expulsés, parce que j'ai écouté ma mère qui parlait avec Dominique, quand on était encore en Roumanie. Je n'ai rien dit aux autres, comme ça, on a eu un voyage calme. Je n'avais pas envie de devoir les consoler, je voulais pas qu'ils me posent des questions. En fait, Samuel et Craï-Abel, ils n'ont compris que quand on est arrivés à l'hôtel, voir nos affaires. Coco, elle, je crois qu'elle ne comprend rien.

C'était mon retour le pire de toute ma vie ! J'aimais beaucoup cet hôtel et mon quartier. J'ai peur de devoir changer de collège, de perdre mes amies, comme Aminata, qui m'aime beaucoup et que les autres n'aiment pas parce qu'elle est trop grande pour notre classe et ils se moquent d'elle. On est amies, on est dans le même hôtel, avec d'autres encore que j'aime aussi. J'ai dit ça à Dominique et je lui ai dit que je me forçais à ne pas penser à tout ça, parce que, quand j'y pense, je suis trop malheureuse. Alors je me force, je fais comme si tout est normal. C'est pour ça que je n'ai rien dit à Aminata, l'autre jour, quand je l'ai saluée à notre ancien hôtel. C'est pour ça qu'avec Dominique, tout le temps qu'on marchait, je n'ai fait que parler et lui raconter des blagues.

Pendant les vacances, j'ai été sérieuse, j'ai fait tous les exercices du petit livre *Passer en 6ᵉ* qu'elle m'a donné, mais je l'ai oublié en Roumanie, chez ma grand-mère. Chez le grec, où on a invité Dominique, c'est très bon, nous, on prend tous toujours la même chose, des « grecs » avec des frites. Elle a pris une pizza turque et quand elle a vu que Maman posait son gros livre noir sur la table, elle a demandé ce que c'était.

« Une Bible », elle a dit ma mère.

Et mon papa lui a raconté que quand il y a eu l'incendie de notre campement, la Bible était près du volant, dans sa camionnette, juste devant notre baraque. Et tout a brûlé, toute la camionnette qui même s'était mise à avancer toute seule, oui ! Elle a démarré, comme ça… et mon père a couru mettre un gros morceau de bois sous ses roues pour qu'elle s'arrête. Eh bien, la Bible, elle n'a pas brûlé, elle est toujours là, elle a juste des pages un peu grillées sur les côtés.

J'ai dit que tout à l'heure, en regardant les heures de rentrée au collège, juste en face il y avait une grande affiche « Dieu existe ! » et que je l'avais montrée à Dominique pour qu'elle voie que c'est vrai ! Elle m'a fait un grand sourire, je la connais, elle me croit pas.

Mon père a aussi raconté qu'en Roumanie, un jour une église en bois a pris feu et, là aussi, tout a brûlé, sauf la Bible. Craï-Abel a dit : « C'est chelou. » On a tous trouvé ça très rigolo !

Demain, on ira chez Dominique, peut-être pour déjeuner, je ne sais pas encore, on doit se téléphoner, mais c'est surtout parce qu'elle doit remplir des papiers de Maman qui ne sait pas le faire. Elle va aussi, avec son ordinateur, prendre les assurances pour l'école et le collège. C'est très important, l'année dernière j'ai failli manquer la classe de découverte à cause de ça.

On s'est dit au revoir, Dominique est partie travailler et nous on est retournés à Livry-Gargan. Mais Coco pleurait beaucoup, elle hurlait, elle voulait pas quitter Dominique. C'est drôle, on s'est rappelé, quand Dominique nous gardait des après-midi à notre ancien hôtel et que Coco la rendait folle avec ses caprices et que Dominique se moquait d'elle et qu'à la fin Coco faisait des rages terribles. Et Dominique riait et la prenait en photo, et lui montrait après sa tête :

« Regarde princesse Coco (elle l'appelait comme ça, pour se moquer), comme tu es belle quand tu pleures ! »

Ou alors, elle s'énervait :

« Si elle continue, je vais faire je ne sais pas quoi. »

C'est pour ça qu'on a éclaté de rire quand Coco s'est mise à crier :

« Non, non, veux rester avec Dominique ! »

Parce que maintenant elles s'aiment beaucoup, depuis que Coco est devenue un peu sage, depuis qu'elle est à l'école.

Notre hôtel est très loin. Il faut prendre le métro, le RER et après le bus. Mais il est bien, même si c'est difficile, parfois, d'entrer dans nos chambres avec les cartes en plastique qui sont des clés. Il est en face du cimetière, alors, tous les matins, Papa ouvre les fenêtres et crie :

« Bonjour chers voisins, vous êtes bien gentils, vous ne faites pas de bruit ! »

On a deux chambres qui sont très petites. La 207, c'est pour les garçons avec Papa, ils ont trois lits ! Nous, on est dans la 208, Maman, Coco et moi. On a bien dormi, nous les filles, mais mes frères ont fait des cauchemars, ils rêvaient qu'un méchant homme rentrait par la fenêtre pour les kidnapper. Ils ont eu très peur.

Ce qui est très dommage, dans cet hôtel, c'est qu'on n'a pas le droit de préparer à manger. Maman s'en souvenait de la dernière fois où on y était, moi pas, ça fait trop longtemps. C'est vraiment très bête, quand même, de ne pas pouvoir faire la cuisine. Alors on fait des courses, on achète que des choses froides et on mange assis par terre, tous en rond. Il y a un restaurant dans l'hôtel, mais on ne peut pas y aller, je crois que c'est très cher. Pour les devoirs, c'est pareil, il n'y a pas de table, enfin si, il y en une, mais vraiment petite, alors on lit et on écrit par terre ou sur les lits.

Le mardi, après la rentrée scolaire de lundi, Dominique est venue nous voir à Livry-Gargan. Moi je n'avais pas cours et j'étais restée avec Maman, pendant que mon père était parti chercher les petits à l'école. On est allées à l'arrêt de bus, attendre que Dominique arrive. Je lui ai fait croire qu'elle allait devoir monter quatre étages à pied, pour aller dans nos chambres, mais c'était une blague, il y a un ascenseur. Bien plus grand qu'à notre ancien hôtel. Je lui ai montré comment on ouvrait nos portes avec une carte et on s'est assises sur les lits pour bavarder, parce qu'il n'y a qu'une chaise et pas trop de place. Je lui ai fait visiter notre salle de bains et j'ai fait des exercices d'anglais et d'allemand sur son ordinateur, mais j'ai eu presque tout faux. Au collège, j'ai vu une seule professeur, celle de français, qui est une remplaçante, la vraie, elle est malade et elle n'est pas venue.

Mon père est arrivé avec les petits, ils avaient dormi tout le trajet en voiture. Mais ils se sont réveillés et on a fait plein de parties de Uno, Dominique a tout le temps perdu ! Après elle a fait apprendre sa poésie à Craï-Abel et elle a rempli encore des tas de papiers pour Maman. Le soir, on l'a raccompagnée au bus et, nous, on est allés dîner chez un grec, pas loin. Mais quand les choses sont arrivées dans nos assiettes, la viande puait vraiment, elle était dégoûtante. On l'a dit au monsieur, il a dit :

« Ah, peut-être… »

Il nous a proposé d'autres trucs, mais on a dit non, on avait peur que ce soit encore pourri. À mon avis, le monsieur savait que sa viande était très mauvaise. On n'y retournera plus jamais.

Voilà, ça fait presque une semaine après la rentrée et, au collège, je suis avec mes amies, on est bien ensemble, mais elles ont de la chance, elles habitent tout près. Pas comme moi, maintenant.

J'ai vu mes professeurs, ceux d'allemand, d'anglais, de maths, ils sont super gentils. Celle d'histoire aussi, elle nous a parlé une heure ! La semaine prochaine, on va avoir un contrôle qui va durer au moins une heure pour voir où on en est et ils nous ont donné des exercices pour qu'on s'entraîne. Dominique me téléphone tous les jours. Elle m'a demandé si j'avais besoin qu'elle m'aide pour les exercices, mais j'y arrive toute seule.

Mais comme j'ai envie qu'on change d'hôtel ! Ici, on ne peut rien faire à manger, on doit toujours acheter des sandwiches. On va au supermarché, avec Coco assise dans le caddie. Elle réclame à Maman qu'elle lui prépare de la viande et des frites, et Maman lui répond que non, qu'elle n'a pas le droit de cuisiner à l'hôtel. Et Coco elle pleure pour ses frites. Je pensais que ça ferait bien rire Dominique, mais elle n'a pas ri du tout.

Tous les matins, avec mes frères, on se lève avant 6 heures pour partir à l'école, et on demande tout le temps aux parents :

« C'est quand qu'on aura un hôtel plus près, pour plus se lever si tôt. »

Quand on va à l'école, on dort tous dans le métro et aussi quand on revient. Je sais que je dois avoir de la patience, on doit tous en avoir, j'espère beaucoup que tout va s'arranger pour nous et qu'on retrouvera, peut-être, notre ancien hôtel où on était si bien…

RÉALISATION : IGS-CP À L'ISLE-D'ESPAGNAC
IMPRESSION : CPI FRANCE
DÉPÔT LÉGAL : JANVIER 2018. N° 137705 (144704)
Imprimé en France